［小さな会社の
ビジネスモデル超入門］

すぐに1億円

株式会社Carity最高顧問
高井洋子
Yoko Takai

ダイヤモンド社

はじめに

儲かっている会社には必ず「儲かる仕組み」があります！

「何をやっても儲からないんです。どうしたらいいのでしょうか？」

多くの経営者や幹部、ビジネスマンから質問を受けると、私は決まってこう答えます。

「それは儲かる仕組みがないからです。儲かる仕組み、つまり〝ビジネスモデル〟を作らないといけません」

そして多くの人がそれを聞くと、

「えっ？　努力が足りないと、怒られるかと思っていました」と言うのです。

はっきり言ってまったく違います。

「努力」と「儲かる」に、相関関係はないのです。

儲からないからといって休みも取らずにもっと努力すると、逆にますます儲からなくなります。

なぜかと言うと忙しすぎて、「儲かる仕組み＝ビジネスモデル」を作る時間がなくなるからです。

美容室の経営者のあなた、ハサミを置いてください！

飲食店の経営者のあなた、包丁を置いてください！

そして業種を問わず、経営者の皆さんは、**売上を作るプレイヤーの役回りを降りて、ビジネスモデルを作る時間を取ってください**。

ビジネスモデルができれば、売上は面白いように作れるようになるからです。さらに「商売ってこんなに楽しかったんだ！」と実感できること間違いなしです。

私は、株式会社Carity《キャリティ》のトップコンサルタントとして、2012年から、「No．1ビジネスモデル塾」という経営者や経営幹部向けのセミナー事業を主宰しています。そこで現在までに約800社を超える企業の経営の実態をみてきました。

業種業態も様々で、巷で有名な企業もあれば、これから創業するという方もいます。

また、年商規模もゼロから数千億円と、かなりの幅があります。

セミナーを受講することで、ほとんどの企業がめざましい改善を成し遂げますし、中には奇跡的といってもいいくらいの結果を叩き出す経営者もいらっしゃいます。まったく儲かっていなかったのにビジネスモデルを作った途端、なんと売上が14倍になったり、ほかにも利益目標を簡単に達成できたりといった事例が次々と生まれているのです。

これは、珍しいことではありません。**努力や根性の精神論ではなく、「儲かる仕組み＝ビジネスモデル」をしっかり作り上げ、実行した結果、会社が飛躍的に成長したからなのです。**

私は、ビジネスモデルなしに経営している経営者を見るとヒヤヒヤします。正直、怖さを感じます。

そんな無鉄砲な経営で会社が続くはずがないからです。

良いモノを作れば売れる、価格が安ければ売れる時代は、終わりました。

良いモノを作っても、安くしても、今は売れないのです。

けれど、多くの企業はいまだに良いモノを作る、もしくはキャンペーンで値下げするのに必死です。

飲食店の場合、美味しいモノを提供するのは当たり前です。しかし、そもそも美味しい、美味しくないは主観です。人それぞれの好みなのです。

美容室へ行って、行く前より汚くなって帰ってきたら、どうでしょう？　お客様は怒りますよね？

建築も安心、安全をうたっている企業が多いのですが、そんなことは当たり前。安心、安全でなければ困ります。

良い商品だから売れるのではありません。

逆に、売れていないから、悪い商品というわけでもありません。

売れて、初めて「良い商品」なのです。

モノ余りの現代にどうやって売って儲けるのか？
その答えがビジネスモデルです。
儲かる仕組みを作る必要があるのです。

残念ながら、出回っているビジネスモデル書は、大企業の実例であったり、海外の企業の実例であったりと、日本の中小企業に向けて書かれていません。

本書は、日本の中小企業がビジネスモデルを作るにあたって、わかりやすく、なおかつ、すぐに実践していただけるように書きました。**まさしく「和製ビジネスモデルの教科書」**です。全国380万社の中小企業のうち、約80・5％が年商1億円を超えていないといわれています。圧倒的に規模が小さいのが、日本の中小企業なのですが、この本には「すぐに売上1億円」を実現するためのヒントを数多く収めています。

本来であれば、売上よりも大事なのは利益です。
正直に言えば、売上1億円くらいは、しっかりとしたビジネスモデルがなくても、比較的簡単に達成できます。本書で挙げる事例では、**問題を抱えている企業が、現状**

の改善だけで、すぐに売上1億円を超えていく姿を描きました。

そして、その中で、次のステップに進むためにも、ビジネスモデル作りをわかりやすく描いています。

本書で構築したビジネスモデルは売上1億円で止まらず、10億円、あるいは100億円企業を作りあげる土台となるレベルの仕組みです（もちろん、ブラッシュアップしていくことが前提ですが）。

そして、優れたビジネスモデルは売上はもちろんのこと、収益性をぐっと高めてくれます。

本当は、利益よりも大事なのは現金（キャッシュ）です。どうか、あなたもぜひビジネスモデルを作りあげて、しっかり儲かる企業を築きあげてください。

儲からない経営者のあなた、儲からない事業を任されているあなた、今すぐに手を止めて、この本を読み、しっかりビジネスモデルを構築してください。この本は読みやすくするために、ストーリーと解説を組み合わせて描いています。

物語の主人公である桜子の言葉を借りて、「はじめに」を締めくくりましょう。

「儲けるなんて、簡単よ。すぐに売上1億円、お約束します」

Contents

すぐに1億円 小さな会社のビジネスモデル超入門

第2章 どんな業種でも可能な会員ビジネス

第3章

すぐに売上アップできる前倒しの法則

第4章

戦略なき企業は苦労する

登場人物紹介

遠山桜子［とおやま・さくらこ］（45歳）
「すぐに売上1億円を達成させる」敏腕コンサルタント。「儲けるなんて簡単よ」が口癖。数々の企業にビジネスモデル（儲かる仕組み）構築の重要性を説いている。類まれな分析力とアイディアの持ち主で、三度の飯よりビジネスが好きというほどの自称ビジネスオタク。隙のない風貌から、近寄りがたい雰囲気を醸し出しているが、実は愛情深く、人を喜ばせることが好き。

藤堂華恵［とうどう・はなえ］（40歳）
漢方・整体サロンＨａｎａオーナー
不妊で悩む女性を助けたい一心で、女性の悩みに応える漢方・整体サロンを横浜で2店舗経営。元ミスキャンパスだった美貌を生かし、自らが宣伝広告塔となり雑誌やチラシで集客はできているものの、儲かってはいない。年商６０００万円。

波葉健一［なみは・けんいち］（38歳）

ナミハ電気社長

都内の商店街で祖父の代から続く町の電気屋さんの3代目。自分の代になってから、大型量販店やネットの格安ショップに押され経営難に陥っている。自分のやりたいことが見つからず、流れで継いでしまっただけに、商売に身が入らない。年商6000万円。

前田友樹［まえだ・ともき］（38歳）

美容室TRANS、SPARKオーナー

ナミハ電気の波葉健一と幼馴染。埼玉県で美容室を2店舗経営。3年前に2店舗目を出店したが、売上が分散してしまい思うように伸びないことで悩んでいる。自分の腕には自信があるという職人タイプ。年商は7200万円。

河田勇人［かわだ・ゆうと］（32歳）

桜子の部下で、頼りになる右腕。

第1章

顧客を増やすための方法

「妊娠しやすい体づくり」がウリの高級住宅街にあるサロン。お客様は来るものの、なかなかリピーターにつながらずに苦戦する中、ついに2店舗ともピンチに陥ってしまいました。さて、どのような戦略を立てれば、ここから売上1億円を達成することができるのでしょうか。キーワードは「顧客の家族化」です。

―高級住宅街の漢方・整体サロンの場合―

横浜市青葉区は、神奈川県内の各市町村の中で平均年収が高いと言われている。「漢方・整体サロンHana」は、この閑静な高級住宅街の中に大きな看板を掲げてたたずんでいる。

「確かに、これ、けっこうきてるかもしれないわね……」

店の前に凛と立った女は、ふわりと揺れるショートボブの髪を耳にかけてつぶやいた。

「いらっしゃいませ、ようこそHanaへ」

ドアが開く音で、いっせいにスタッフの視線が入り口に集中する。

淡いグレーの膝丈のノースリーブワンピースにオーストリッチの上質なトートバッグを肩にかけている。落ち着いた物腰や身につけているものの高価さから言って、40代半ばだろうか。しかし、肌の美しさや、くびれたウエストを見ると30代といっても十分に通るだろう。

スタッフの高田晴美は「うちのオーナーと、どっちが綺麗かしら……。こんなに美しい人なら、モニターになってもらって、チラシやポスターのモデルをお願いできたらいいな」と思いながら近寄って声をかけた。

「初めてのご来店ですよね。本日は、不妊のご相談でしょうか？　まずはこちらのアンケートにご記入いただけますか？」

女はかすかに眉をひそめる。

「唐突ですね。誰も不妊相談なんて言ってませんよ。もし、そうだとしても、他のお客様がいるのに、そんなに堂々と声をかけられたら恥ずかしいでしょ」

晴美は目を見開いたまま、しばし固まってしまった。これまでずっとこの接客を貫いてきたのに、なぜ初めて会ったまだ名も知らないお客様から、いきなりダメ出しを受けなければならないのだろうか？　苛立つものの、同時に相手の醸し出す雰囲気に押されている自分にも気づいていて、軽い混乱状態に陥った。


気を取り直し、軽く咳払いをすると、晴美はいつもの笑顔に戻った。

「……大変失礼いたしました。ええっと、漢方のご処方でしょうか。まずはお客様のお悩みをお聞かせいただきたいのですが……」

「想像以上だわ……」

「これではダメね。本日、社長はいらっしゃいますか？」

女は額に手を当てて、軽く首を振る。

「はあ……」

「呼んでいただけますか？　遠山桜子が来た、と伝えてもらったら、おわかりになると思うので」

別室にいたＨａｎａのオーナー、藤堂華恵は晴美からの内線電話を受け、桜子の名前を聞いた途端ハッとした。

35歳で独立し、念願叶って自分の店を持った華恵。学生の頃はミスキャンパスの名を欲しいままにしてきた。今もその美貌は変わらず、自らメディアに積極的に顔を出す。雑誌に掲載される際には「美人すぎる社長」なんてキャッチコピーがつくこともある。

「ご存知ですか？　すごくお綺麗な方なんですけど、なんか強気な感じで。もし知らない方だったらお引き取りいただこうかと……」

「ううん、晴美ちゃん、お通しして」

晴美の声をさえぎるように告げると内線を切り、華恵は急いで決算書が入った引き出しをあけた。

「まさか、本当に来てくださるなんて……」

華恵はつい1カ月前の経営者の会合のことを思い返していた。

その日の主役は「いやあ、不景気ですねえ」が口癖だった冴えない通販会社の社長、猿渡《さるわたり》誠だった。

久しぶりに会ったのだが、その容姿が見違えるように変わっていたのだ。アルマーニのスーツに身を包み、心なしか顔つきも精悍になっている。歯茎がむき出しになる下品な笑い方やタバコの匂いなど、華恵にとって生理的に受け付けない要素は変わっていないものの、猿渡に自信がみなぎっているのは、見るからに間違いなかった。

周りが口々に「最近は景気がいいみたいですねえ」と声を掛けると、猿渡はこう言った。

「実は凄腕のコンサルタントに会社の改革をお願いしたんですわ。そしたら売上が100倍に上がって、もう楽しいのなんの」

売上が100倍――Hanaをオープンしてからというもの、売上は下がる一方で、常に資金繰りに苦労していた華恵にとって、「100倍」という響きはあまりにも魅力的だった。

「100倍⁉　本当なんですか？　その凄腕のコンサルタントって一体どなたなんですか？」

「遠山の金さんならぬ『遠山桜子』さんという人ですよ。珍しく女性の経営コンサルタントなんです。必ず売上が上がるという評判通りの、とにっかく頭のキレる人なんですわ。いくつもの会社を危機から救い、まるで魔法のように売上1億円を軽く超えさせちゃうんだから、驚くのなんのって。良かったら藤堂さんもお願いしたらどうですか？　不景気なんて関係ないですよ。ぜぇったいに後悔しませんから」

ガハハと豪快に笑う猿渡に合わせて冗談ぽく笑う華恵だったが、内心はとても笑顔になれる状況にはなかった。

そんなにすごいのであれば、頼めるものなら頼みたい。しかし、多分高額であろうコンサル費用が出せるほどの余裕は今の自分にはとてもない。そんな華恵の心情を悟ったのか、猿渡がニヤリと笑った。

「藤堂さん、私が助けてあげましょうか」

「……え？」

「いやね、私、あなたのように働く女性を応援したいと前から思てたんですわ。まあ、藤堂さんさえ良ければ、ですけど、ね？」

顔をのぞき込んできた猿渡の口の奥で、銀歯がいやらしく光る。

「いえ、大変ありがたいお話なんですけど……その……いいんでしょうか。私、応援されるほど立派な経営者じゃないと思うんですけど……」

華恵のワイングラスを持つ右手にぐっと力が入る。

「遠慮しなさんな。困っている時はお互い様じゃあないですか。存分に頼ってくださいよ。じゃあ、さっそく遠山の桜子さんに連絡しておきますから。なに、心配いりませんよ。任せなさい」

ポンポン、と肩をさわられると思わず鳥肌が立ちそうになる。

「あ、ありがとうございます」

華恵だってもういい大人だ。猿渡の下心を、感じないわけがなかった。それでも、藁にもすがる思いだったのだ。

Ｈａｎａを潰すわけにはいかない――。

華恵は今でもありありと思い出せる猿渡の、あのにやけた顔を頭からふりきるように、決算書を抱えて会議室へと足を速めた。

月商500万円の店でも、すぐに売上1億円にします

桜子はサロン自慢のゴボウ茶を飲みながら会議室の中をぐるりと見渡していた。内装にも調度品にもお金がかけられているのがよくわかる。そして壁にかけられたパネルの中には、お客様からの手紙が飾られている。

「おかげでやっと子宝に恵まれました！」

「諦めていた2人目を授かることができたのは華恵さんのおかげです！」

お客様と並んで写真に写る華恵は、実に幸せそうな顔をしていた。

「なるほどね……」

桜子がティーカップをソーサーに置いた瞬間、会議室の扉が開いた。

「こんにちは。『漢方・整体サロンHana』のオーナー、藤堂華恵です」

艶とハリのある髪はしっかりとカールされ、ボディラインがわかるぴったりとしたスーツに身を包んでいる。とても40歳には見えない美しさだ。ホームページに掲載されていた情報を思い出し、桜子は「社長が広告塔になれるのはこの会社の強みだわ」

と心の中でつぶやいた。

「猿渡さんから、遠山さんは凄腕のコンサルタントだと聞いております」

華恵はテーブルを挟んで向かいのソファに浅く腰をかけた。

「それは光栄です。まあ、凄腕という表現が適切かどうかはわかりませんが、結果を出してきたことは事実です。でもそんなにかしこまらないでください」

桜子は小さく会釈をする。

「今週のどこかでいらっしゃるとは言われていましたが、まさかこんなにすぐお会いできるなんて……」

桜子は再びティーカップに口をつけてから、にっこり笑って華恵を見た。

「会社を立て直さないとまずい状況なんですよね」

「え？」

「サロンの評判はいいようですから、きっと忙しいのでしょうけど、思ったほど利益は出ていないんじゃないでしょうか。顧客との継続的な関係も築けていないから、常に新規顧客の獲得に必死になっている……。それが悩みの種だとお見受けします。確かに、このままでは将来の展望が描けませんよね」

図星だった。

「なんでそこまで……」

「どうして、そんなことがわかるのか、不思議?」

桜子はくすっと笑った。

「す、凄腕コンサルタントって本当なんですね……」

「ええ。とにかく、Hanaを売上1億円の店に、私が変えてみせます」

まっすぐに見据えた桜子の瞳に吸い込まれてしまいそうで、華恵は思わず目を伏せた。

「で、でもうちの店は2店を合わせた平均月商が500万円なんです。つまり年間の売り上げ、年商は6000万円です。それですぐに売上1億円なんて、本当にできるんでしょうか。確かに1億円は目標ですが、ここ3年は横ばい……というか微減で、どんどん遠ざかっています。もうどうしたらいいかわからなくなってしまって……」

矢継ぎ早に言葉を発する華恵を見て、桜子はふふっと小さく笑った。

「儲けるなんて、簡単よ。すぐに売上1億円、お約束します」

そう自信を持ってきっぱりと言い切ったのだ。

その瞬間、華恵は「この人ならなんとかしてくれるかもしれない」と心から思えた。大げさだが「雷に打たれたような」という比喩がぴったりなくらい、体に衝撃が走ったのだ。

「どうしますか？」

桜子の言葉に、

「どうかお願いします！　遠山先生がおっしゃる通り、うちの会社はピンチです。でも、絶対にあきらめたくないんです。先生、解決策を教えてください」

と、自慢の富士額をテーブルにこすりつけるようにして、華恵は懇願した。

「華恵さん、顔をあげてください。私のことは桜子、でいいですよ」

「桜子先生」

「先生っていうのも、私はあまり好きじゃないんです。せめて〝さん付け〟にしていただけますか」

「桜子さん」

「はい。それと、ひとつ約束をして欲しいんです。私が言うことは絶対に実行してもらいたいの。守れますか？」

「もちろんです！」

桜子から差し出された右手を華恵が強く握り返すと、桜子は笑いながら、

「あら、握手は成功した時にしましょう。まずは直近のBSとPLを見せて欲しいんですが」（→解説❻76ページ）

「え!? は、はい」

耳を赤くして手をひっこめる。すでに桜子のコンサルはスタートしていたのだ。

儲からない原因は看板にあり

BSとPLをめくりながら、桜子は華恵に次々と質問を投げかけた。答えられないと、その柔和な顔に影が差す。なんというプレッシャーだろう。

「これで、だいたいはわかりました」

桜子は資料をパタリと閉じて言った。

「華恵さん、この店の問題はどこだと思いますか」

桜子はスマートフォンを取り出し、「漢方・整体サロンHana」の外観を映した

画像を華恵に見せる。

「うちの店ですね……。でも、どこが問題なのでしょうか?」

華恵は画面をまじまじと見つめながら首をかしげている。桜子は苦笑いした。

「ヒントは看板です」

「看板? 看板はけっこう自慢なんです。遠くからでもうちの店の存在が際立つように、とにかく大きく作ってもらったんです。けっこうお金がかかったんです」

華恵はまるで自分の世界に入り込んだかのように看板への想いを語り続ける。桜子はその様子を困ったような顔つきで見ていた。

「じゃあ、もうひとつ質問します。自慢だと華恵さんがおっしゃるこの看板、効果はあったんでしょうか」

じっと、華恵の目を見つめる。

「効果ですか……。病院で不妊治療をしても、どうしてもダメだったというご夫婦が、もう何組も無事に子宝に恵まれています。皆さん、この看板を見て、思い切って来てみたとおっしゃっています」

桜子は「ふう」とため息をつきスマートフォンを自分のほうに向けると、「不妊にお悩みの方！」の部分を拡大して再度、華恵に見せた。

「まず、儲からない原因のひとつはここにあります」

「え？　なぜでしょうか？」

華恵は眉をひそめた。自信を持って作ったものを真っ向から否定されたのだから無理もない。

桜子はスマートフォンをテーブルの上にそっと置いた。華恵は目をパチクリさせていまだ状況が飲み込めない、といった様子だ。

「華恵さん、高級住宅街のど真ん中に建っていて、こんなに大きく『不妊にお悩みの方！』なんて書かれたら、普通は入りにくいと思いませんか？」

華恵はハッとした顔をしたがそれでも反論を試みた。

「で、でも、実際にうちに来たことで子宝に恵まれたご夫婦がいるんですよ」

「うん。そうですね、赤ちゃんを授かる手助けができる華恵さんのお仕事は、素晴らしいと思います。そこに惹かれてやってくるお客様も、少なからずいらっしゃるでしょう」

「そうなんです。私、それにはものすごく自信があるんです」

さっきとは打って変わって笑顔になる華恵を横目に、桜子は話を続ける。

「でも、よく考えてみてください。**ここに来ることイコール『私は不妊に悩んでいます』って、ご近所中にアピールしているようなものなんです**。だって誰が見ているかわからないんですよ。現にお客様は『思い切って』とおっしゃっていたんでしょう?」

「そう言われると、確かに……」

「誰だって、噂のネタにされるのは嫌ですから。入りたくても入れなかった人、いると思いますよ。さっきも店に入るなり『不妊でお悩みですか?』なんて声を掛けられましたけど、あれで面食らって帰ってしまった人もいるはず。これがひとつめの問題点です」

華恵は悔しそうに唇を噛む。

ターゲットの絞りすぎは失敗のもと

「……でも、これは問題としては小さいものです。本題はここから。妊娠が叶った人たちは、その後ここに顧客として来ていますか?」

「あ……」

確かに一度子どもが生まれた夫婦は「生まれました」の報告をしに来ることはあっても、その後も通い続ける人はほとんどいなかった。それは幸せなことだと華恵は思っていた。しかし――。

「子どもができたら、それで終わり。できなくても、やっぱり終わり。**これじゃあ、顧客を育てることができないんです。ずっと新規客を取り続けなきゃならないのは、経営者にとってものすごくきついはずです。精神的にも、資金的にも**」

華恵はしょぼくれた顔でうなずいた。痛いところを突かれたからだ。

「ここまで理解してもらえたとして、今から本質的な問題を指摘します。覚悟はいいですか？」

華恵は膝の上の両手を固く握って「はい」と声を絞り出した。

「やっぱり『不妊』だけを打ち出すのでは、間口が狭すぎるんです」

ばっさりと切る桜子の言葉に、華恵は食い下がった。

「でも、私がやりたいことは、悩んでいらっしゃるご夫婦に……！」

「わかりますよ、その気持ちは。華恵さんが考えていること、されてきたことは、本当に素晴らしいと思います。でも――」

桜子は考えをめぐらすように、左斜め上を見る。

「たとえば、の話をします。焼肉店で『うちはセンマイの専門店です』なんてマイナーな部位をひとつだけ取りあげてアピールしている店が繁盛すると思いますか」

「センマイって……。確かにセンマイが好きな人は喜んで行くかもしれないけど……」

「そうですよね。何よりセンマイが好きっていう人の絶対数が少なすぎます」

「ホルモン全般ならまだしも、センマイだけっていうのは、さすがにしんどいですね。カルビもロースも食べたいはずです」

「そうなんですよ。でもこれ、華恵さんのお店の話ですよ」

「え？」

「華恵さんがやっていることは、その焼肉店と同じなんです」

「センマイ……」

桜子はいたずらっぽく笑って華恵を見た。

「ターゲットを絞り込むのは悪いことじゃありません。むしろ、絞り込むべきなんですが、**絞りすぎるのは逆効果**なんです**（→解説❶56ページ）**。Ｈａｎａは子宝をあまりに強く打ち出してしまったから、不妊に悩む人しか来なくなってしまったんですよ。そして良い結果を出しても、その人は卒業してサロンに来なくなる。これが経営不振の最大の原因です」

飛び上がるようにして席を立った華恵がデスクの上に置いてあったチラシの見本を持ってくる。

「桜子さん、実はこれ、いま作っているチラシなんです」

そこには「不妊にお悩みならＨａｎａ」とでかでかと書かれている。

「つまり、私は、知らず知らずのうちに、ここに通わなくなるお客様を必死に集めていたってことですか……」

「華恵さん、だからと言って不妊に関する相談を受けるのを、やめる必要はないんですよ。メインターゲットではないだけ」

顧客層の広げ方

「では、誰に来てもらえばいいんでしょうか」

華恵の問いかけに対し、桜子は優しく諭すように質問を返した。

「華恵さんはいったい、何のためにお店を始めたんですか」

華恵は椅子に座りなおし、咳払いをする。

「整体師として修行をしている時に、あらゆる病気の原因は〝骨盤のゆがみ〟と〝冷え〟だって気づいたんです。とくに女性は低体温になっている人がすごく多くて」

桜子は時折うなずきながら、黙って聞いている。

「骨盤のゆがみと体の冷えを改善すれば、女性特有の病気がどんどん改善していくんです。結果的に子宝に恵まれやすくなる。更年期障害もおさまるし、痩せるし、姿勢は良くなるし、とにかくいいことずくめなんです。女性の体にとって骨盤のゆがみと冷えは禁物だから、それを漢方や整体の力で伝えなきゃ、って。だから『漢方・整体サロンＨａｎａ』を立ち上げたんです。全ての女性の健康をサポートしたくって……」

桜子がふふふっと笑う。

「ほら、答えが出た」

「え?」

「今、誰の健康をサポートするって、言いました?」

「女性です、全ての女性」

「ふふ。じゃあ、もうひとつ質問をしますね。子どもが欲しい人と更年期で苦しんでいる人の母数は、どっちが大きいと思いますか？」

「それは更年期の人……ですよね」

「正解。そんな症状を緩和させたいと願う人たちにこの店が勧めているのは何ですか？」

「骨盤矯正です」

「そう、骨盤矯正。私も以前に施術を受けたことがあります。自分でも気づかないうちに骨盤って歪んでいるものなんですよね。そして、それを放置していると不妊につながりかねない。だから、妊活をしている方にも人気があるんですよね」

「ええ。もちろん、妊活も骨盤矯正が大事です」

華恵はキリッとした表情で桜子を見た。

「だったら矛盾はありません。悩める全ての女性の骨盤を正常な状態にしてあげること。それが今日からこの店の使命ってことで、どうでしょう」

にっこりと笑う桜子に対し、華恵は何だか納得がいかないという顔をしている。

「……でも、私は子宝が授かる手助けをすることが自分の使命だと思って今までやってきました。何をやってもダメだったというご夫婦が『華恵さん、ついに赤ちゃんができました！』と言って私のもとを訪れてくれる時の笑顔が、私にとって何よりの原動力なんです。その使命を捨てるわけには、いきません！」

語気を強めて主張する華恵をなだめるように、桜子が口を開く。

「じゃあ、不妊に悩む人は骨盤矯正に来ないんでしょうか？」

「え？」

「さっき、妊活も骨盤矯正が大事だとおっしゃいましたよね」

「そうですけど……」

「私は何も不妊に悩む方の相談に乗るな、と言っているわけではありません。骨盤矯正で健康な体を作りましょう、と打ち出せばいろんな女性が集まる。その中にはもちろん子どもが欲しい人だっているはずです」

さっきまでの落ち込み具合はどこへやら、桜子の言葉に、

「そうか、まずは多くの人が来られる店にするんですね。どっちかではなく、不妊の相談にも更年期の相談にも乗る……。それならお客様も増えそうですし、いけそうな

気がします」

と、華恵は途端に笑顔になった。

「水を差すようで悪いんですけど、これはまだ初めの一歩にしか過ぎません。ここからが大切ですからよく聞いてください。顧客層を広げるだけでは不十分なんです。なぜかわかりますか？」

「呼び込みが足りないから、でしょうか。だとすると『骨盤から健康になりましょう』と、新たに打ち出したチラシを配りまくってお客様を取り込むことつまり集客が大切なんだと思います」

華恵は「これが正解だろう」とでも言いたげな様子で桜子に微笑みかけた。

「残念ながら、不正解ですね。もちろん効果的なチラシを作ることは大切だけど、その前にすべきことがあります」

「えっ」

そこまで話したところで、ドアをノックする音とともに、スタッフの声が聞こえた。

「社長、そろそろ次の打ち合わせが」

「あら、もうこんな時間」

華恵は座ったままドアに向かって「すぐに行くわ」と声をかけた。

「具体的に何をするかは、明日までの宿題ということにしましょう。明日10時から同じくここで。いいですか？」

すっかり冷えてしまったゴボウ茶を飲み干した桜子に、華恵は「もちろんです」とうなずいた。

売上1億円達成のための閉店

翌日、朝10時の開店とともに桜子はまたやってきた。昨日とは変わって白のパンツに紺のジャケットを羽織り、ヒールを鳴らして店に入ってくる。

「おはようございます」

昨日対応した晴美が駆け寄ってきた。

「昨日は大変失礼いたしました。その……オーナーから話を聞きました。受付でのお声がけのこと、ありがとうございます」

深々とおじぎをする晴美に、

「こちらこそ失礼しました。ぜひ、これからも社長を支えてあげてくださいね」

と声をかけ、桜子は案内されるまでもなく応接室に入った。

「さっそく昨日の続きを始めましょう」

応接室ではすでに華恵が待ち構えていた。一晩たって、肩の力が抜けたのか、今日は表情が心なしかおだやかだ。

「あの後、終礼でもさりげなく『新しいお客様を獲得するにはどうするべきか』とうちのスタッフに聞いてみたんです。でも残念ながらあまりいいアイディアは出ませんでした」

申し訳なさそうに下を向く。

「中には店を閉店する……なんて意見も出ました。儲けが出てないのならば、本店を閉めてもいいんじゃないか、と。まあ、突拍子もない意見で……」

「あら、それは正解ですよ」

「え？　閉店が正解なんですか？」

「そのスタッフ、なかなかいい勘してますね。この店、ここにある限りは『不妊に悩む人が来にくい店』ですから。新しいお客様は獲得しづらいんです」

桜子の言葉に、華恵の顔がみるみる青ざめていく。

「ど、どうしたらいいって言うんですか」

「だから、ここを閉めて、2号店に集中して営業をするんです（↓解説❷58ページ）」

桜子の冷静な言葉に、華恵は立ちくらみを起こしそうだった。そんな様子を見て、桜子は再び続ける。

「最初に言ったように、あの看板を掲げている限り、お客様は来店しづらいんですよ。車で来たって目の前の駐車場に停めづらいですし」

「だ、だったら看板を作り変えたらいいんじゃないんですか」

「看板の問題だけではありません。そもそも郊外店で目の前の駐車場に車が数台しか停められない時点で致命的です」

「そんな……だからって、ここをやめる必要がありますか？　閉店するなんて……」

「仕方ないと思います」

覆いかぶさるように放たれた、桜子のあまりにハッキリとした言葉に、華恵は言葉を失った。

「不採算店舗に足を引っ張られているよりも、1店舗に集中させて人員もそこだけに注ぎ込むほうが確実です」

華恵は大きく首を横に振る。

「それだけは……それだけはどうしてもできません」

華恵にとって、この店は特別な場所だ。創業の頃、この店をなんとか成功させるという思いで必死に働いた。3年後には隣の空き店舗スペースを借りて漢方薬の通販スペースにしたのも、今後の展開を考えてのことだった。そうやすやすと手放せるわけがない。

「できませんか?」

華恵の目を桜子がのぞき込む。

「最初の約束を思い出してください」

「あ……」

桜子が言ったことには絶対に従う約束――しかし、華恵はどうしても納得できず、なおも抵抗する。

「だって、やっとの思いで開業したんですよ! この場所にも、店舗にも、全てに思い出が詰まっているんです!」

「華恵さん、愛着があるのはとってもよくわかります。でも、店に執着するあまり本当に大切なものを見失っていませんか？　このお店を必要としてくれるお客様のためにも、Ｈａｎａで働くスタッフのみなさんのためにも、これから発展的に継続するための経営改革が必要だと、儲かる仕組みづくりが必要だと、華恵さんは誓ったんじゃなかったんですか？」

思わず引きこまれるような視線に、華恵はたじろいだ。

「それは……」

「ずばり言います。キャッシュがつきかけている現状では、この店には2つの道しか残っていません。私の言う通りにしてすぐに売上1億円を達成するのか、このまま利益を出さずに指をくわえて潰れるのを待つのか。どちらを選びますか」

「わ、わかりました……」

桜子の力強い瞳にとらえられると、動けなくなってしまう。華恵はいちかばちか、かけてみるしかないと思った。

かくして「漢方・整体サロンＨａｎａ」は2カ月後に本店を閉じ、横浜市西区にある商業施設内の店舗だけに集中することになった。

会員化でストックビジネスへ

2号店、いや、新しく第1号店となった店舗はリニューアルオープン後、桜子の教えに従って、あえて入口に「妊活」とは大きく掲げなかった。

代わりに「骨盤矯正コース」や「漢方整体コース」といったメニューを前面に押し出し、健康や痩身に効果があることをうたった。

店頭には華恵自身が立ち、店舗を興味深そうにのぞく女性に声をかけた。

「手足が冷えるでしょう。歩き方を見ればすぐにわかります」

華恵の技術は確かなもので、顧客は面白いように増えていった。

もちろん「妊活コース」もある。桜子が予想した通り、このやり方のほうが妊活の相談も以前より増えた。来店しづらいと思っていた層もこの店構えなら気軽に足を運べるからだった。

そして3カ月が経つ頃、2店舗合わせて500万円だった月商は、1店舗になったにもかかわらずなんと900万円を超えたのである。ここまで売上が伸びたのには、もうひとつワケがあった。

「会員コースを作りましょう」

桜子は、華恵にこう告げていた。メニューを変えるとともに新たに「Hana会員」を設けるよう指示したのだ。しかも月額300円という安さである。

「そんな金額で会員コースなんて作って大丈夫でしょうか」

「1人は300円でもそれが30人になったらどうかしら。さらに100人、1000人になったら？　立派な売上ですよね。会員特典はたとえば通販で使える割引券をプレゼントするとか、誕生月にはクーポン付きのバースデーカードが送られてくるとか、会員限定のメルマガでお得な情報を発信するとか、そんなところでしょうね」

「なるほど……」

「あとは、会員限定のコースを作る。通常は1回8000円相当のコースだけど、会員なら月額6500円で骨盤矯正が2回受けられるとか」

「なるほど……」

「会員を増やすことはストックビジネス化への道です（**↓解説❸61ページ**）」

「ストックビジネス？」

「ストックビジネスとは継続的な売上を作るビジネスのこと。つまり顧客を会員として囲っておくことができれば、新規顧客をその都度とりにいく必要がなくなります。安定した来客数を確保することができるんです」

「やっぱり桜子さんってすごい！」

「……褒めるのはいいから、早く会員コースの中身を決めてくださいね」

「はい！」

こうして、桜子の戦略である「会員化」が売上を押し上げたのである。

漢方・整体サロンの「おとり」と「本命」

さらに半年後。

「社長、本店を閉じてここに集中してから、すごく伸びていますよね。このままだと、目標達成できますすね！」

晴美がうれしそうに華恵に話しかける。

「桜子さんのおかげよ。まさかこんなに変われるなんて私も思わなかった！」

2人で手をつないで喜びを交わしていると、聞き覚えのある声が響いた。

「言ったでしょう。儲けるなんて、簡単よ、って」

「桜子さん！」

華恵は大きな瞳をさらに開いて驚く。

その様子を見て、Ｈａｎａのスタッフが桜子と華恵に一斉に注目した。

「え？　桜子さんって、あの遠山の？」

閉店を決めた時に華恵は、ネットでの桜子の評判をまじえながら、いかにこの判断が正しいかをスタッフに聞かせたのだ。そして、実際にそれは最良の選択だったことが証明されたわけで、Ｈａｎａのスタッフ間では桜子はまるで神様のようにあがめられていた。

「あっ、あなたたちは、ここで待っていてちょうだい」

華恵はスタッフが騒ぎ出すのを制し、桜子を同じフロアのカフェに案内した。

桜子はサラサラの髪を耳にかけ、注文したコーヒーをゆっくりとひと口飲んでから、静かに微笑んだ。

「軌道にのってきたようですね。華恵さん、このペースを維持できたら売上1億円もすぐそこですよ」

「はい、この月商を維持できれば達成です。本当にありがとうございます。……あの、私、次に桜子さんに会えたら聞きたいことがあったんです。これからさらに売上を伸ばすには、どうしたらいいんでしょうか。私としてはもっと漢方を売りたいんです。店頭でも通販でも売って収益につなげたいんですが……」

華恵はおそるおそる桜子の顔を見た。

「事業欲が出たのは、とてもいいことです。でも、それでは残念ながら難しいと思います」

「どうしてですか？　漢方は効果があるのに……」

「効果があるというだけで、人は商品を買い続けないんです。**商品はただ売るだけでなく、継続して買ってもらうのが大切だからです**。お客様が漢方を欲しくなる、続けたくなるようにするには、戦略を練らなくちゃ」

「私にうまい戦略が考えられるかしら……」

華恵はため息とともに肩を落とす。

「華恵さんは聡明な人だから大丈夫。じゃあ、質問を変えましょう。一般の人たちにとっては漢方は薬なんです。〝薬〟というのはずっと飲み続けるものではないですよね」

「確かによく『いつまで飲めばいいですか？』と聞かれます」

「そうでしょう。そのうえ値段が高い。いいもの、必要なものとわかってはいても、続けるのってそう簡単じゃないはず」

「はい、確かに。ですがそうは言っても『漢方サロン』はうちの看板ですし。やっぱりメインは漢方なんですよ」

華恵はかたくなに譲らない。

「誰も漢方を売るのはやめなさいなんて言っていません。漢方はあくまで入口として考えませんか？『漢方で体の代謝を高めて健康な体を作っていきましょう』と宣伝して、おすすめした女性には漢方とＨａｎａの骨盤矯正を毎回体験してもらう」

「だとしたら結局、漢方を使うことになりませんか？」

「違うんですよ。**数回のコースにわたって体調が良くなってきたら、漢方を少しずつ**

減らしていくのがこの作戦のキモなんです。そして……」

「えっそんなことしたら漢方が売れなくなっちゃいます……」

華恵は強く訴える。

「そんなことはありません。たとえば漢方をなくす代わりに朝食にはスムージー、もっと手軽にサプリを飲んでくださいって別の『置き換え商品』をおすすめするんです」

「なるほど。うーん、でも、お客様にとっては、お金がかかるという意味では漢方とあんまり変わらないんじゃないですか？」

「さすが、頭の回転が速いですね。でも、まったく違います。漢方にせよ、健康食品にせよ、プラスアルファの出費でしょう。たとえば、それが毎日200円かかるとしたら、高く感じる。でも、朝ごはんと『置き換える』と考えたらどうかしら（**↓解説❹66ページ**）」

「朝ごはん代わりにする……？」

「そう。ほら、200円が急に安く思えてくるでしょう」

「……すごすぎる」

華恵は心底感心しているのだろう、呆然としている。

「こうすれば、お客様は商品をコンスタントに買い続けてくれるし、スムージーなら専用のロゴ入りシェーカーを渡せば、毎日お店の名前を見ることになるから、ここにも足を運んでくれるはず。**漢方と整体をおとりに使って、本命の置き換え商品の朝食スムージーやサプリを売る戦略**です。どうですか？」

お客様を育てる「顧客の家族化」

いったい、なんでこんなに次々とアイディアが出てくるのだろうか。華恵の頭の中を、様々な疑問がかけめぐる。

「**大切なのは、お客様と長く付き合うこと。お客様を育てて、親密な関係を築いていくこと。言うなれば『顧客の家族化』ということです（↓解説❺70ページ）**。そして、それを行うのにここが重要なんですけど、顧客リストを活用するのです」

「それなら今も作っています！」

「もちろん存じ上げています。でも、今のレベルじゃ不十分です。住所や名前など単なる情報だけのリストにするのではなく、顧客一人ひとりの属性や悩みも書き込むようにしてください」

「属性や悩み……ですか？　さすがにそこまでは把握していませんでした」

「的を射たサービスを実現するには、そうした情報は欠かせませんよ。それをスタッフ間で共有するだけでお客様との距離がぐっと近くなります」

「確かにリピーターの方とはいろいろなお話をするから自然とたくさんの情報をもらっています。いつもは全体会議の時にみんなで共有するようにしていたんですが、リスト化してしまえばいろいろなことに活用できますね」

華恵は必死にメモをとる。

「このビジネスモデルを築くことができれば、経営は安定していくはずです」

「ありがとうございます、桜子さん。でも、私まだ不安がたくさんあるんです」

華恵が上目遣いで見ると、桜子はふふっと笑った。

「Ｈａｎａのコンサルは、もう終わり。華恵さんは一人でも大丈夫ですから」

「え……」

華恵は一瞬迷ったあとで、まっすぐに桜子を見た。

「……わかりました。まだまだ不安なことはありますが、桜子さんがそう言ってくださるなら、とにかく自分でがんばってみます」

「売上3億円の壁を突破したら、その時にあらためて話しましょう。すぐに達成できるはずですよ、きっと」

「はい。あ、ところで、うちのコンサルをしてくださった費用って、猿渡さんが支払われているんでしょうか？」

華恵はおそるおそる尋ねた。

「いいえ、まだですよ」

その言葉に、ホッと胸をなでおろす。

「じゃあ、今回かかった費用は自分でお支払いします。いいですか？」

桜子は返事の代わりににっこりと笑った。

「私、実はちょっと心配だったんです。だって、確かにあの人は経営者としては素晴らしいけれど、あなたに対しての下心が見え見えだったから」

「桜子さん……！　私、もう大丈夫です。誰かに頼らなくても、Ｈａｎａと、スタッフを支えてみせます！」

桜子はふふっと小さく笑うと、

「とにかく、さっき話したところまでしっかり整ったら、フランチャイズで全国展開することも夢じゃないと思いますよ、華恵さん」

「フランチャイズですか!?　そこまで考えていませんでした」

桜子は右手を差し出した。

「いえ、あなたならきっとできるわ。卒業おめでとう。でも、ここからが本当の勝負。がんばってくださいね」

華恵は声にならない喜びを精一杯両手に込めて、差し出された右手を力強く握り返した。

解説❶ 顧客ターゲットは狭すぎてもダメ

いかがだったでしょうか？　この第1章の「漢方・整体サロン」の話は、美容サロンや、飲食も含めた「出店型ビジネス」に応用できる話です。

まずは一番大事な顧客ターゲットの選定から、解説していきましょう。

もちろんターゲットを絞り込むのは大切ですが、間口が狭すぎてしまうのは考えもの。漢方・整体サロンの例でいえば、

妊活している女性＜更年期の女性＜冷えに悩む女性＜全ての女性

の順で、後になるほど人数が多くなりますよね？

女性全般をターゲットにして、

・冷え性に悩んでいる
・更年期に悩んでいる
・不妊に悩んでいる

このようにできるだけ多くの女性に向けて悩み別に、複数のアプローチをするというのも一案です。

また、顧客を逃さないためには、継続してもらうことが必要です。悩みが解決して「卒業」してしまう顧客をターゲットにしてしまうと、新たに新規顧客を獲得していかなければならないため、最初に見極めたいポイントです。

解説❷

出店型ビジネスは立地の選定が経営を左右する

「漢方・整体サロンＨａｎａ」は、資金もない中で、本店の利益（キャッシュ）が出ないうちに2店舗目を出店していました。人もお金も2つに分散していたわけです。

2店舗目は住宅街の中にある本店と違って、集合モールの中にありました。家賃が高い分、集合モールが集客をしてくれるので、広告宣伝費がかからないことが利点です。

実質的に本店は大きなマイナスでした。2店舗目の利益で本店を運営しているような状態だったのです。

社長である華恵でなくても創業の地である本店を手放すのは、苦渋の思いでしょう。運よく2店舗目が当たっていたので良かったものの、もし利益が出ていなければ、この資金繰りでは後がありません。

出店型ビジネスの場合、立地選定は本当に重要です。**出店地は一度決めると簡単に**

は変えられませんし、不便な場所に顧客は来続けてはくれないものです。

「漢方・整体サロンＨａｎａ」の場合、妊活中の女性をターゲットにしていたわけですから、商圏範囲を広くとり、遠方からも店に来ていただかなければなりません。

全て自分たちの力で集客しようとすれば、チラシの範囲も広くなり広告宣伝費がかさみます。一方で店舗の周辺にポスティングをするだけでは、顧客の絶対数が足りないわけです。

また、本店が致命的だったのは駐車場です。店舗の前に数台しか置けなかったのです。公共の交通機関を利用できる場所ではなく、車で来店してもらうしかない立地でした。

その点、2店舗目の集合モールは、こちらから発信しなくても、施設には多くのお客様がやってきます。全てがターゲットの妊活女性とは限りませんが、来館者の絶対数は大きな魅力でした。

桜子は、「漢方・整体サロンＨａｎａ」の資金繰りの現状を考慮した上で、感情論を排して撤退を告げました。このケースに限らず、急激な店舗展開を推し進めた結果、利益が出なくなってしまったという事例は山ほどありますし、また後を絶ちません。

図1　出店地比較

	集合モールの店	郊外店

メリット	出店費用が高い	出店費用がそれほど高くない
デメリット	集客がしやすい（広告宣伝費がおさえられる）	広告宣伝費がかかる 遠方の客を取り込むためには駐車場が必要

⇩

重要ポイント

・ターゲットによって、立地の選定をする
・出店型ビジネスは「立地」が成功のカギを握る

解説 3

どんなビジネスでもストックビジネス（継続収入）を目指す！

多くの飲食業や「漢方・整体サロンＨａｎａ」などの整体業は、月初から売上目標に向かってゼロからスタートし、月末に売上のピークを迎え、また翌月、ゼロから売上を作るというサイクルです。これが、当たり前になっている企業は多いものです。また、天候に左右されることがある出店型ビジネスは本当に大変です。数年前に東京で週末にかけて２週間連続で大雪が降った月、多くのお店が赤字になってしまいました。

だからこそ、そんな状況から脱却するためにも大小にかかわらず、**企業やお店は、定期的に入ってくる売上のストック化を目指すべきですし、その仕組みを作る必要がある**のです。

たとえば、プロモーション会社の「ｆａｖｙ《ファビー》」は「焼かない焼肉屋」を完全会員制の隠れ家的お店として、オープン前からクラウドファンディングで会員を募ったことがありました。コースは8000円から用意され、金額があがるごとに特典は異なります。共通しているのは会員になると定額5000円で1年間は肉が食べ放題になるという点です。これは、会費を集めることで出店費用をまかなっているとも言えます。すごいビジネスモデルです。

会員は間違いなく友だちや同僚を誘ってお店に訪れることになるでしょう。会員が広告宣伝塔の役割をしてくれますから、会員が定員になった時点で広告宣伝費をかけなくて済むわけです。

これが「ストックビジネス」のすごいところです。

桜子は、「漢方・整体サロンＨａｎａ」に会員制を導入することで、前受金を増やし資金繰りを楽にするだけではなく、広告宣伝費の削減、客離れを防ぐ効果も見込んだのです。

そのつどお金を払ってサービスを受ける、もしくは商品を購入しようと思うと、人は当たり前ですが他社のサービスや商品と比較をし、検討を始めます。

逆に会員制の場合、料金は口座からの引き落としや自動カード決済だったりするの

図2　目指せストックビジネス

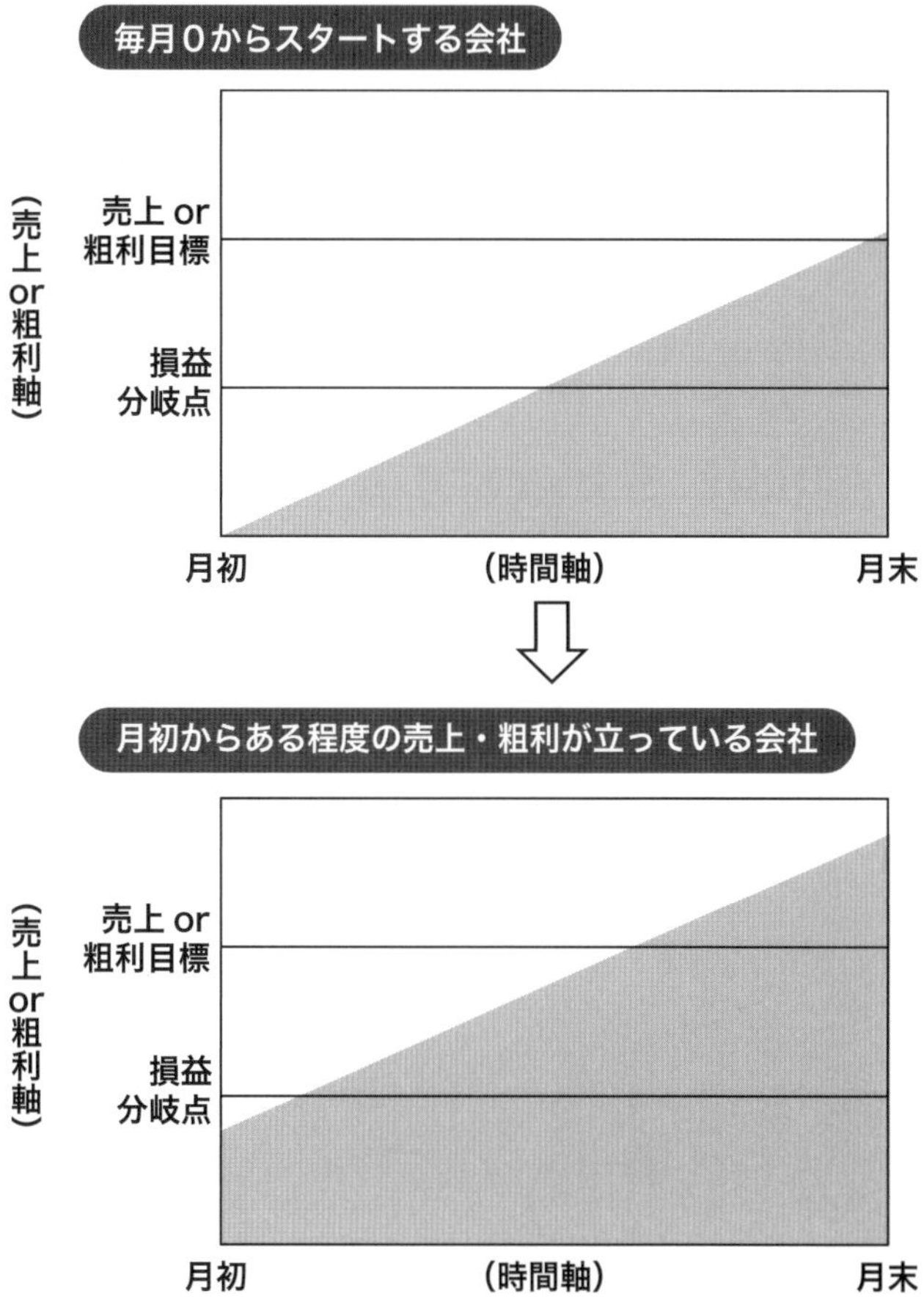

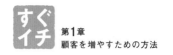

で無意識のうちに支払いが済んでしまいます。これはお客様に考えさせない、検討させないテクニックとも言えるでしょう。

ところが、経営者に「御社もストックビジネスを考えてください！」と投げかけると、「うちのビジネスは、ストック化は難しいから……」という答えが返ってくることが多くあります。そんなふうによく考えもしないで、諦めてしまうのは本当にもったいないことです。たとえばスイーツのお店も、ちょっと考えただけではストック化は難しそうだと思いますよね？　しかし、そんなことはありません。

これは、私の前著である『400円のマグカップで4000万円のモノを売る方法』（ダイヤモンド社）でも触れていますが、北海道の富良野にある有名なパティスリーが見事にストック化に成功しています。

ここのオーナーパティシエは商品を買ってくれたお客様に必ず7回メールを送るようにしています。たとえば、北海道旅行のついでに商品を買ってくれた方に、「北海道旅行はいかがでしたか？　○月○日に生チョコロールを出荷しました。このケーキにはこんなこだわりがありまして……」

というメールが、忘れた頃に7回届くのです。するとお客様の中には、北海道旅行を思い出し「また行きたい」「また買ってみようかな」と思う人もいます。

ここで通販の王道な販売方法、会員にセット商品を届ける「頒布会《はんぷかい》」に持ち込むのです。「4月はイチゴタルトとショコラムース、5月はフロマージュとマドレーヌといったように、毎月季節に合わせた商品をお届けしますよ！」と。これが、お客様がずっとお金を払い続けてくれる仕組みです。このように、パティスリーでも会員化できるのです。

世の中は、実にストックビジネスだらけです。氾濫していると言っても過言ではありません。

試しにずっと支払い続けているサービスや商品を書き出してみてください。

私の場合だと、電気・ガス・水道、携帯電話、家賃、クレジットカードの会費、アマゾンプライム、経理ソフト、顧客管理ソフト、学費、様々なアプリ、コピー機の保守管理、エレベーターの保守管理……キリがありません。

どんな業界であっても顧客を会員化できないかを考えてみましょう。

アイディアを出す前に諦めず、自社のストック化を真剣に考えてみてください。

解説4

継続して購入してもらうための「置き換えの法則」

「漢方・整体サロンＨａｎａ」の場合、売りたい商品はオリジナルの漢方でした。もちろん仕入れ商品よりも粗利が取れて儲かりますから、戦略的には間違っていません。

それでも、桜子は漢方を売り続ける戦略では、ダメだと言いました。漢方を売り続けること、お客様に飲ませ続けることが、難しいことをわかっていたからです。

一般的な認識だと漢方は薬です。飲み続けるものではないのです。案の定、華恵はお客様から「いつまで飲み続ければいいのですか？」とよく質問されていました。

漢方は「体にいいし、安全」というイメージがあるので、体質改善のとっかかりとして販売するのには適していますが、残念ながら継続商品ではないのです。

多くの商品は１人のお客様に継続して販売できなければ儲かりません。

こういうと、住宅のように高額でいっぺんに粗利が取れる商品があるじゃないか、という反論が聞こえてきそうです。

もちろん、そうなのですが、高額商品は売るまでが大変です。一所懸命に営業マンを育成して、努力と根性と、人間力の勝負で販売したとしても、その売れる社員が辞めたら、また振り出しに戻ってしまいます。

だからこそ、細く長く売れ続ける仕組みを作る必要があるのです。とっかかり商品から継続して売れ続ける商品を作るには**「置き換えの法則」**がとても有効です。

なぜならば、お客様の脳は、お金を支払うことに痛みを感じるからです。その痛みを回避する感情が、購買にブレーキをかけます。

しかし、生活に必要なもの、生存するために必要なものであれば、最初から諦めていますから痛みは麻痺しています。だからこそ、「何か他の必要なものと置き換えられないか?」を考えるのです。

桜子は、華恵に「朝食に置き換える」ように言いました。「漢方・整体サロンＨａｎａ」は、体を気遣っている女性をターゲットにしていますから、「私はもったいないから、朝食は食べない」という層ではありません。

コアターゲットは「そもそも現代人は、食べ過ぎの傾向があります。朝食をこの商品に置き換えていただくことで体質改善を図りましょう」と言われれば、「なるほど」と納得してくれる層なのです。ここにチャンスがあります。


世の中には置き換えで成功している商品がたくさん存在します。

たとえば「カルビー」の人気商品「フルグラ」。発売当初はシリアルとして普通に販売され、結果、売上も普通でした。ところが朝食の置き換え商品としてリニューアルを図ったところ、爆発的に売れたそうです。

自社の商品、サービスが継続しないという悩みを抱えている企業やお店の経営者は、今一度、売ろうと思っている商品が何かに置き換えられないかをじっくり検討してみてください。

図3　おとり商品を継続商品に置き換えさせる

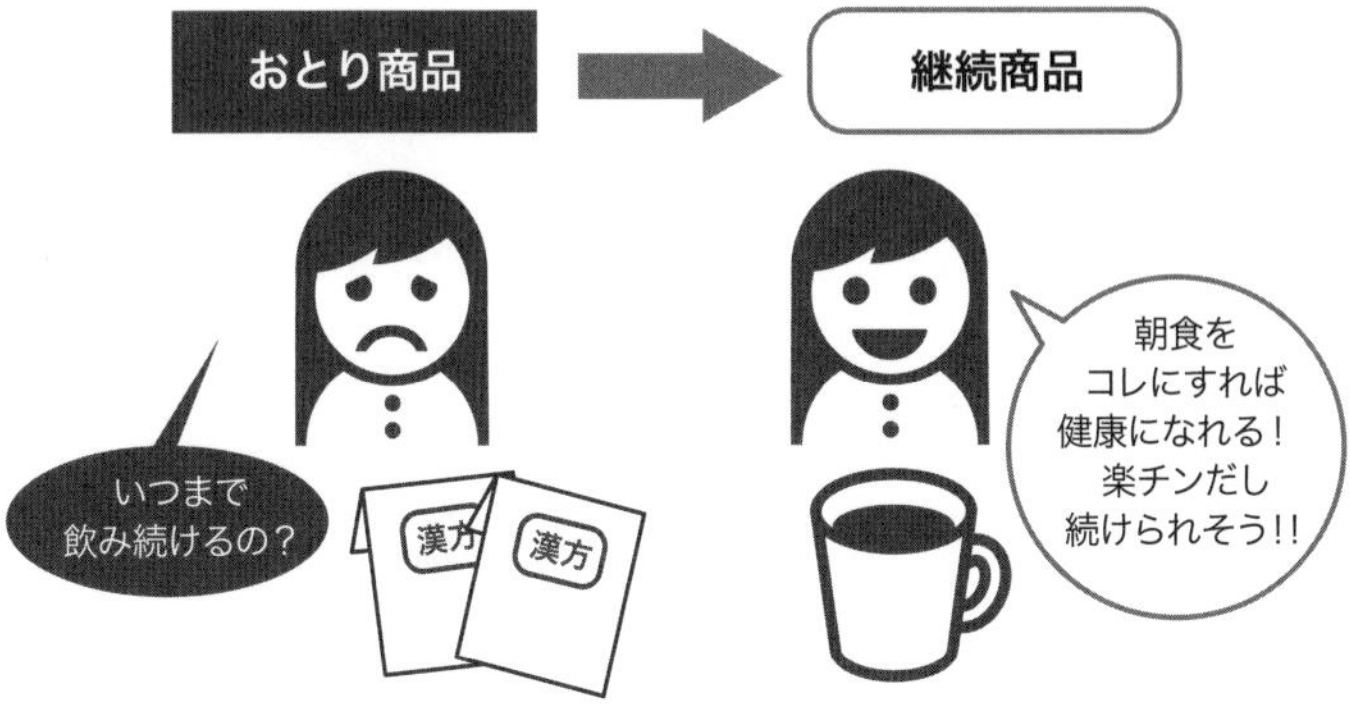

置き換え思考ドリル

(例)漢方	⇨	朝食
(例)サプリメント	⇨	デザート
	⇨	
	⇨	
	⇨	
	⇨	
	⇨	
	⇨	

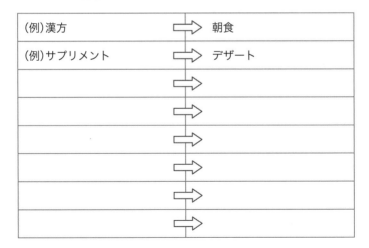

解説5

顧客を「家族」にするためにリストを活用する

質問です。

皆さんの企業やお店では、顧客管理をしているでしょうか？

「お客様の名前や住所や電話番号、お誕生日を把握しています」

「顧客管理ソフトでしっかり管理しています」

こんな答えが返ってくると思います。

そもそも顧客管理の定義とは、なんでしょうか。一般的には「お客様の名前や住所、電話番号を把握している」ということになりそうです。

もちろん、知らないよりはましですが、管理しているだけであれば、実は残念ながら何の意味もありません。顧客リストは活用して初めて生きるのです。

顧客リストは経営資源です。リストを集めるために経営していると言っても過言で

はないほどです。

以前こんな話がありました。

塾生さんには、通販会社も多くいらっしゃるのですが、ある経営者が会社を売却しようと思い査定をしてもらったところ、商品ではなく顧客リストに価値があると言われたそうです。

経営者は年商規模や売れている商品があることで会社の価値が決まると思っていたそうで「面食らった」とおっしゃっていました。

年商は、安く大量に売れば上げることはできます。問題はしっかり利益を出しているか、です。

そして、商品は今売れていたとしてもいつか売れなくなるわけですから、これまた問題外。実際「商品はいくらでも作れますから」と言われたそうです。

その上で、最も重要視されたのは、顧客リストだったそうです。

一口に顧客リストと言っても名簿の数だけではなく、どんな属性の顧客がどれだけいるか、が重要です。買収先にしてみれば、自社の顧客の属性とマッチングができれば、一気に売上、利益が見込めるわけですから。

整理しますと、顧客リストは目に見える名前・住所・電話番号だけではなく、**その顧客の属性がもっとも重要なのです**。

たとえば「どんな悩みを持っているのか」「どんな問題を抱えているのか」「どんな消費欲求があるのか」「過去にどんなものを購入したか」で推測できます。


「ビジネスモデル塾」の塾生さんの中に1カ月に1万人のお客様が来店される渋谷のラーメン店のオーナーがいるのですが、顧客リストがあるかを聞いたところ、

「常連さんの顔は覚えていますが、その人たちだってどこの誰だかはわかりませんよ」

という返答が戻ってきてしまいました。

「……もったいない」

「超忙しくてお客様のお名前や住所を聞いていられないですよ」

実はこのラーメン屋さんのラーメンには、他店にはない特徴があります。それは、「香り」です。

確かに「香り」は重要です。横浜の中華街で焼き甘栗を一番多く売っている店は、

その焼いた香りを扇風機で外に振りまいています。

こうしたヒントから、そのラーメン屋さんは「炙り味噌ラーメン」を作って大ヒットさせたのです。この店には間違いなく香り好きな人が来店しています。ですから、その人たちが喜びそうな特典をつけてリストを集めるのです。また、確かに繁盛店なので、顧客リストを作るには工夫が必要です。

たとえば、来店時にQRコードをかざすだけで、「あなたも『炙り味噌ラーメン会員』になれる！」と言う謳い文句をつけて集め、スモークサーモンやスモークチーズのトッピングを売ったりすることもできるかもしれません。

「1カ月何度も食べに来られるラーメン会員」を定額制で販売しても面白いかもしれません（実質的に売上が下がらないように価格設定をする必要はありますが）。

会員化（顧客化）ができるようになるとお客様との距離はグッと縮まるものです。お客様の嗜好や困りごとがわかれば、本来、商売はお客様に喜んでいただくために行っているわけですから、企業やお店側も誠心誠意、真心を込めてお客様と向き合うことができます。

通りすがりのお客様ばかりでは、お客様が「どうして欲しいのか」「何を求めているのか」がわかりません。結果、的を射たサービスが提供できず、企業やお店は、方向性を見失うことになります。

飲食店で言うのであれば、「不特定多数の通りすがりの人にお料理を提供する」のでなく、「気心の知れた家族に食べてもらう」くらいの違いが出てきます。家族であれば好き嫌いもわかっていますし、健康も気遣うはずです。

ビジネスモデル塾を受講いただいた「金沢まいもん寿司」は、金沢を拠点に東京にも進出をしています。

木下孝治社長は常に、社員に「家族に食べさせたくないものはお客様に提供してはいかん！」と呼びかけています。真剣に素材を吟味し、真心を込めてお客様に提供することに全力を注いでいるのです。

余談ですが、木下社長は面白い経歴の持ち主で、実は寿司職人ではありません。飲食の仕事を始めた時は、なんと一級建築士として住宅を設計していました。

飲食業は「金沢で失敗すると設計の仕事に影響が出るかも」と、岐阜県で「でかねた寿司」と言う屋号でスタートしたそうです。「お客様＝家族」という発想は、業界の外にいたからこそ、思いついたのかもしれません。

ストック化という面では、「金沢まいもん寿司」は現在、顧客リストを作成して通販につなげようとしています。

お客様を家族同然に対応している企業は、繁盛するものです。金沢のお店は、常に行列ができていて何時間待ってでも食べたいというお客様であふれかえっています。

このようにお客様を家族化するには、まずお客様のリストをしっかり取って、そのお客様の特性をしっかり見極めることからスタートしてみてください。

解説6

なにはなくとも「資金」＝「キャッシュ」が大切

29ページで桜子が「直近のBSとPLを見せて欲しい」と言ったのは、BS（貸借対照表）とPL（損益計算書）を見れば経営の結果が見え、経営の未来が見えるからです。私も企業のコンサルティングをする時にはまずBSとPLを見せていただきます。

企業は「赤字になった時」ではなく、「お金がなくなった時」に終わりを迎えます。

その意味で「キャッシュ」は経営においてもっとも重要なのです。

ですからPL（損益計算書）よりもBS（貸借対照表）が重要なのです。なぜならば、PLでは現金の動きがまったく見えないからです。PLはいくらの損、いくらの益（利益）が出ているかを計算したものであって、あくまでも「税金の計算書」でしかありません。

多くの経営者が経常利益を目標にしていますが、これはとても危険です。

企業は「調達し、投資し、回収する」という流れで経営を行っています。小さな規模の企業やお店が弱いのは、最初の調達の部分を個人のお金だけで回そうとするからです。

「無借金経営」は美徳ではない!

実際、小規模な事業体の経営者は銀行からの調達を「借金」と呼び、無借金経営であることが美徳だと思っている人が大半ですが、これは大きな間違いです。

繰り返しますが、会社は赤字でも存続することはできます。しかし、資金ショートを起こしてしまえば、たとえ黒字であっても立ち行かなくなるのです。安定した経営を続けるためにも、十分な資金力は欠かせません。

また、投資をし、回収するのが企業の使命だとすると、**投資をする資金が大きいほうが、大きなリターンを得られる確率は高まります。**

その意味でも、創業時には金融機関から、できるだけ融資を受けて、手元のキャッシュを厚くしておくべきなのです。そして、最終的に実質的無借金経営を目指せば良

図4　PL（プロフィットアンドロスステートメント）／損益計算書

PLには5つの利益がある

売上高

△売上原価

---

①売上総利益（粗利）―― 社員さんの目標

△販売・一般管理費（経費）

---

②営業利益 ―― 店長（責任者）の目標

± 営業外損益

---

③経常利益 ―― ふつうの社長の目標

± 特別損益

ふつうの社長は③を目指すが、
大事なのは⑤の当期純利益

④税引前純利益

⑤当期純利益（税引後純利益）―― わかっている社長の目標

税金を払わないと
利益剰余金は蓄積されない

図5 BS（バランスシート）/貸借対照表

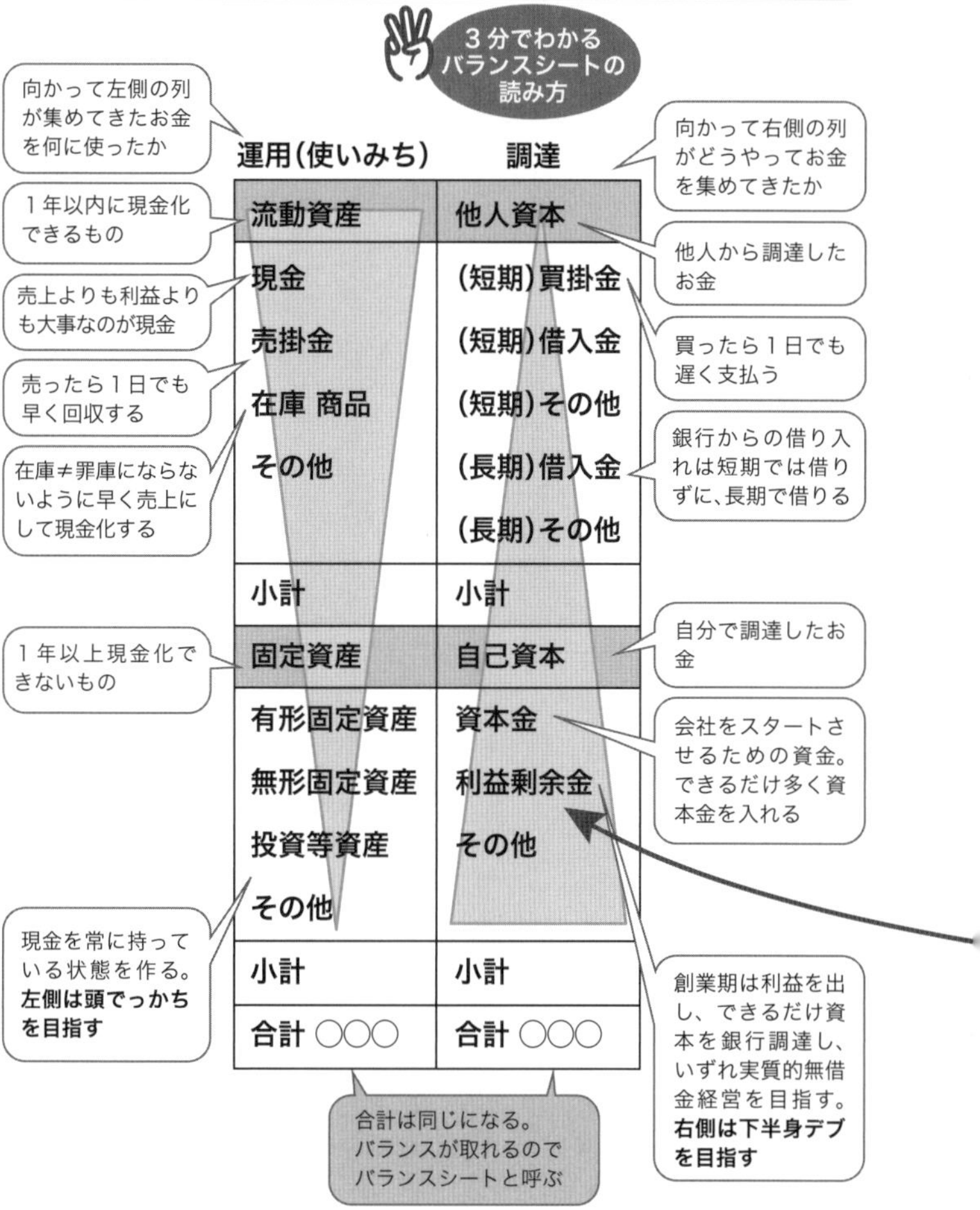

	運用（使いみち）	調達
	流動資産	他人資本
	現金	（短期）買掛金
	売掛金	（短期）借入金
	在庫 商品	（短期）その他
	その他	（長期）借入金
		（長期）その他
	小計	小計
	固定資産	自己資本
	有形固定資産	資本金
	無形固定資産	利益剰余金
	投資等資産	その他
	その他	
	小計	小計
	合計 ○○○	合計 ○○○

- 向かって左側の列が集めてきたお金を何に使ったか

- 向かって右側の列がどうやってお金を集めてきたか

- 1年以内に現金化できるもの

- 他人から調達したお金

- 売上よりも利益よりも大事なのが現金

- 買ったら1日でも遅く支払う

- 売ったら1日でも早く回収する

- 銀行からの借り入れは短期では借りずに、長期で借りる

- 在庫≠罪庫にならないように早く売上にして現金化する

- 1年以上現金化できないもの

- 自分で調達したお金

- 会社をスタートさせるための資金。できるだけ多く資本金を入れる

- 現金を常に持っている状態を作る。**左側は頭でっかちを目指す**

- 創業期は利益を出し、できるだけ資本を銀行調達し、いずれ実質的無借金経営を目指す。**右側は下半身デブを目指す**

- 合計は同じになる。バランスが取れるのでバランスシートと呼ぶ

いのです。

ドラマ『半沢直樹』の名台詞を覚えているでしょうか。

「銀行は、晴れの日に傘を貸して、雨の日に取り上げる」

要は、銀行は企業やお店が調子の良い時にはお金を貸してくれるけれども、調子が悪くなると、とたんに貸してくれないということです。これは実は本当の話です。

本来、企業側からすれば、資金が尽きた時ほどお金を貸してもらいたいのに、いざ必要な時に銀行は冷たい。銀行の立場になれば、返してもらえそうにない企業には貸したくないのが本音です。

この事実を踏まえると、銀行からは、貸してもらえる時になるべく多く借りておくべきなのです。

回収は早く、支払いはなるべく遅くする

「漢方・整体サロンＨａｎａ」を訪れた桜子は、店舗の大きな看板や小さな規模には見合わないほど内装にお金をかけているのを見て「これは、過剰な設備投資をしてい

るな……」と見抜きます。

また、店にディィスプレイされている多種多様なオリジナルの漢方を見て、この規模でこんなにオリジナル商品を作っているということは「現金が過剰な在庫に化けている可能性が高い」と仮説を立てました。

案の定、「漢方・整体サロンＨａｎａ」の決算書、直近のＢＳ・ＰＬを見ると、過剰な設備投資、過剰な在庫のために資金が乏しくなっていました。

それだけではありません。売上に対して売掛金が多すぎました。売掛金とは未収金を指します。商品をお客様に渡して「代金は次のご来店の時で構いません」というやり方をしていたため、現金の減少を招き、経営を圧迫していたのです。

経営は「売ったら１日でも早く回収。買ったら１日でも遅く支払う」が鉄則です。

実際にビジネスモデル塾の塾生さんの会社でも、

「売上の回収が３カ月から半年後で、支払いは月末で締めて翌月末に支払う」

「社員の給料は、月末で締めてなんと翌月10日に支払う」

というサイクルで経営をしているところがありました。利益が出ていても会社のキャッシュ（現金）が底を突いてしまったケースもあります。ＰＬを見ているだけでは会社の真の経営状態はわからないのです。

この塾生さんの場合、すでに銀行からの調達ができない状態だったので、売掛金のある会社に早く入金をお願いし、支払い先の会社には支払いを遅らせてもらいました。

そして、社員の給料は数カ月にわたって10日支払いから25日支払いに伸ばしていくことでキャッシュ（現金）を生み出したのです。

このように、「どれだけ現金があるか」「どれだけの在庫を抱えているか」「どれだけの設備投資をしているか」が全て、BSに書かれています。だからこそ、経営者である以上、穴があくほどBSを見て対策を練ってほしいのです。

これで、PLは見ているが、BSは、ほとんど見ないという経営者が、危険だということがご理解いただけたと思います。

第2章

どんな業種でも可能な会員ビジネス

すぐイチ

〝町の電気屋〟の3代目、波葉健一は悩んでいました。家電製品がなかなか売れず、レンジフード（換気扇）の交換サービスでなんとか売上を保っている状態だったからです。しかし「おとりの法則」を使ったとたん、らくらく1億円の売上を達成！

さて、町の電気屋さんは、何を「おとり」にしたのでしょうか？

―ある駅前商店街にある電気店の場合―

「大将、いつものお願いね」

「お、桜子さんお久しぶり！　その顔は、いいことあったね？」

「まあね」

サラリーマンでごった返す「大衆居酒屋 まる」のカウンター席につくと、桜子はメニューも見ずに手早く注文を伝えた。

仕事帰りの中年男性が客の9割を占める店内で、桜子の姿は異様に目立っている。黒、グレー、紺、と暗い色ばかりの中に、パステルピンクのワンピースを着てヒールを鳴らす華やかな女性、そこだけまるでスポットライトが当たっているかのようだ。

本人はそんなことはおかまいなしで、いつもの様子ですました顔をしている。

「最近なかなか顔を見なかったから、また忙しいのかねえって嫁さんと話してたんだよ」

「あら、私のことが夫婦の会話に出てくるなんて光栄だわ」

「桜子さんはうちの女神様だからねえ」

「またあ」

実はここも桜子の指導によって、見事業績を回復させた店だ。鳴かず飛ばずだった店が、今では30坪40席で月商850万円。坪月商28万円強の超繁盛店だ。やはり桜子が軽々と売上1億円を突破させたのである。

カウンターに置かれた桜子の携帯電話の画面には、「漢方・整体サロンHana」の華恵からのメールが表示されていた。ついに、売上1億円を突破したのだという。

想定内だと思いながらも、やはりコンサル先の経営者の喜ぶ姿はうれしいもので、桜子の心は高揚感で満たされていた。

「あいよ、今日はちょっとおまけ」

大将がそう言って桜子の前に出したのは〝いつもの〟日本酒とエイヒレのセット。そして、おまけだというキュウリの浅漬けだ。

「ありがとう」

軽く炙ったエイヒレをかじると、香ばしさが口の中に広がる。すかさず日本酒をひと口。

「ああ、やっぱり大将の店は落ち着くわ」

「桜子さん、見た目に反して食の好みは親父っぽいもんね」

「ひと言多くない？」

「じゃあ、二言、三言、付け加えなきゃね」

「もう！　大将ったら！」

料理の腕もさることながら、店主との軽口の応酬が、多忙な桜子にとってちょうどいい息抜きになっている。

桜子はお気に入りの肴で杯を進めた。そろそろラストの一杯にしようか、と思った時だった。

「だからさ！　もうダメなんだよ、うちの会社は。もう廃業しかないんだよ。他に選択肢がないんだからさ」

桜子は声の主を横目で見る。話の内容からして、経営者であることは間違いない。年齢は……30代後半というところだろうか。ちょっと若く見えるのは、これまであまり苦労をしてこなかったからなのかもしれない。

それにしても、ずいぶんと酒に酔っているようだ。

話を聞かされているのは、年下らしき2人の男性で、「うん」とか「そうだね」と相槌を打ちながら、暗い顔で飲んでいる。

「あのねえ、町の電気屋なんてもう終わりなんだよ。親父から引き継いだはいいけどさ、このご時世、わざわざうちなんかに来て家電を買うモノズキなんてそうそういないんだから。俺、経営のことなんかまったくわかんないし、もうダメだよ、ウチは。お前らも、俺のことはいいから早いとこ辞めちゃったほうがいい。親父に義理立てしなくてもいいから、な！」

「そうは言ってもアニキ……」

「そうだよ。親父のことも心配だし」

弟らしき2人はそう言って兄を見る。

じっと男の言葉に耳を傾けていた桜子だったが、

「部下の前で会社の経営不振を愚痴るなんて、経営者失格ね」

と右手に持ったグラスを見つめたまま小さくつぶやいた。

「は？　なんだ、あんた」

怒りを帯びた男の声に、桜子は振り返って、その目をまっすぐに見つめる。

「さっきから聞いていたらグダグダ、グダグダ……。町の電気屋がダメになるなんて、誰が決めたのよ」

よく通る桜子の声に、店内の目が集中した。

「あ、あ……」

男は赤ら顔でマヌケな声を出す。弟たちも同様に口をぽかんと開けたまま桜子を見ている。

「あなた、経営者ですよね」

「そ、そういうあんたこそ、誰なんだ！」

料理を運んでいた店主が2人の間に割って入る。

「波葉さん、失礼な言い方になりますが、この方、あなたじゃ太刀打ちできないよ。前に話したことあるでしょう。うちの大ピンチを救ってくれた、すごい先生がいるんだって」

「ああ、その先生って女だったんだ」と、波葉という男はつぶやいた。そして、その口に慌てて手を当てると、背筋を伸ばして、桜子に向き直った。

「初めまして！　ナミハ電気の3代目、波葉健一と申します！　お恥ずかしいところを見せてしまいました。いやー、先生、お噂は大将からよく聞いていました。ほんと、すみません」

健一はさっきの態度とは打って変わって突然桜子にヘコヘコし出す。「長いものには巻かれるタイプね……」と半ばあきれながらも、桜子は静かに口を開いた。

「先生って呼ばれるの、好きじゃないんです。それで、突然ですけど、会社の規模はどれくらいですか？」

「規模？」

「じゃあ、売上高は？」

「え？　売上……ピーク時は1億円を超えていましたが、えっと〜、今期はおそらく6000万？　くらいです。はぁ、もうお先真っ暗」

酔った勢いなのか、桜子の眼力におされたのか、健一は他の客が聞いているにもかかわらずつい数字を口走ってしまった。大きなため息をつくのに合わせるように、弟たちもうつむく。

「そんな辛気臭い顔をしないの。あなたたち、曲がりなりにも商売やってるんでしょう？　お客様に来て欲しいならもっと明るくしていなきゃ」

「はぁ……」

なおも浮かない様子の健一たちを見て、桜子は思わず言ってしまった。

「……わかりました。すぐにあなたの会社の売上を1億円に戻しましょう。明日の10時から30分ならあいているから、もし気が向いたらここに来てください」

桜子は名刺を取り出すと、いまだにぽかんとしている健一の前に差し出した。

「売上を1億円に戻すなんて、そんな簡単に儲かるなら苦労してませんよ……」

情けない声に、桜子はにっこりと微笑んでこう言った。

「あら、儲けるなんて簡単よ」

その言葉に店主がニヤリとする。

「本当に店を立て直したいと思うなら来てください。相談にのりますから」

そう言うと、桜子は財布からお金を取り出し、店主に手渡す。

「うるさくしてしまってごめんなさいね。大将、また来ます」

「お待ちしてますよ、セ、ン、セ！」

「もう大将！」

「はいはい」

「じゃあね。ごちそうさま」

颯爽と去っていく桜子の背中を、店中の客が見送っていた。

「それにしても、美人だったな……」

健一はあらためて名刺を眺めた。

「経営コンサルタント、遠山桜子」

横からそれを覗き込み、次男で部下でもある慎二が心配そうに言う。

「どうするの、アニキ？　あの女性のとこ、行くつもり？」

もう一人の末の弟、司は出汁巻き卵をほおばりながら、

「でも行ったら怒られちゃうんじゃないの」

と、さっきまでのしょぼくれた顔とはうってかわって、ずいぶんと呑気だ。

「俺は、すんごいタイプだった……」

「あー。アニキは昔から気の強そうな美人に弱いからなぁ」

健一は名刺を大事そうに財布の中にしまうと、残っていた芋焼酎をくいっと飲み干す。

「うん、今が変わるチャンスなのかもしれない」

大型家電量販店VS町の電気屋

「どうしたんですか、桜子さん。どなたかいらっしゃるんですか」

部下の河田勇人が次の打ち合わせに使う資料をまとめながら話しかけてきた。

無意識に時計を気にしていたようだ、と桜子は少し気恥ずかしい。

「ううん、特に何もないんだけど」

「まあまた。それは何かあった時の顔ですよ」

32歳になる河田は、2年前に桜子のもとに弟子入りし、右腕として働いてくれている。最近では先を見越した詰め将棋のような営業スタイルで次々に経営者の心をつかみ、新しい案件をとってきている優れた社員だ。さすが、勘の鋭さもピカイチである。

「10時に来客があるかもしれないの」

「かも、ですか?」

「そう。ないかもしれない」

「へえ……」

「まあ、私の予想では、来るはずなんだけどね」

「桜子さん、もしや、また外で拾ってきちゃったんですか?」

「拾ってくる?」

「この前も、行きつけのカフェの経営を立て直しちゃったじゃないですか。どこに行っても経営のことばっかりなんだから、桜子さんは」

「失礼な言い方しないの! 当たり前でしょ、私、経営コンサルタントなんだから」

桜子の言葉に河田は茶目っ気たっぷりに首をすくめる仕草をした。

「あ、そうこう言っている間にいらっしゃったみたいですよ」

扉の向こうから聞こえる足音に、河田が気づきドアを開ける。

「来てくださったんですね。どうぞ」

桜子の丁寧なお辞儀に恐縮し、健一は深々と頭を下げた。

「きっ、昨日はうるさくしてしまい申し訳ございませんでした！　その、経営を立て直したいと本気で思っています。どうか、お力を貸してください！」

桜子と河田は思わず顔を見合わせる。

「波葉さん、でしたよね。顔をあげてください。私、そういうの苦手なんです。もう少しフランクにお話ししましょう。河田、会議室は空いているわよね」

「はい」

桜子と河田の声に顔をあげると、健一はネクタイを締めなおす。

「とにかく、私は先生についていこうと決めました！　よろしくお願いします！」

「あの……」

「あ、ごめんなさい。遠山センっ……さんについていきます！」

ちょっと厄介なクライアントを連れてきたかもしれない、と桜子は胸の中で思いながら河田に目を向ける。彼もまた、苦笑いをして桜子を見ていた。

波葉健一、38歳。創業64年、弟2人と共に家業を継ぎ、「ナミハ電気店」の3代目を務めている。父の代まではそこそこの売上があったものの、健一が社長に就任してからはずっと低迷している。

大きな理由は家電量販店の進出である。国道沿いに全国チェーンの量販店が進出すると、売上はガタ落ちした。

量販店の低価格になんとか合わせて、厳しい戦いを続けてきたが、さらに「ネットショッピング」が一般化すると、売上ダウンに拍車がかかった。

近頃は店頭で実物を確かめてからネットで買い物をする「ショールーミング」をするお客様が増加していて、量販店でさえ苦しんでいるのだから、町の電気屋はなおさらだ。

一時期、対抗して価格を下げたこともあったが、売れれば売れるほど経営は苦しくなった。価格では太刀打ちできないと悟った時、「もう勝ち目はない」と健一は諦めに似た気持ちを抱いた。

今は祖父や父の代からの馴染みのお客様のおかげでなんとか店が成り立っているが、

あとはゆっくりと朽ちていくだけである。そう思っていた。

そもそも、社長になんてなるつもりはなかったのだ。

ほどよく焼けた肌に白い歯、綺麗に整えられた眉。大学生活はサーフィンに明け暮れていたので体力には自信がある。「イケメン」ともてはやされていた自分が、しがない町の電気屋を継ぐなんて、と思う一方で、しかし、ほかに自分は何ができるのだろうかと心のどこかで常にフラストレーションを抱えていた。

思いは堂々巡りして「やはり自分はここにいるしか道がなかったのだ。長男として終わりを見届けるのが俺の仕事なんだ」と結論を出す。社長に就任してからは、そんな暗い思考の繰り返しだった。

しかし、健一はもともと明るくて前向きな性格だ。目標さえ設定できれば、突き進むパワーもスタミナもあるつもりだ。なんとか状況を打破したいという気持ちもまた、本音なのである。

今日桜子のもとを訪れたのも「この人なら会社だけではなく、自分自身も変えてくれるかもしれない」という何か直感めいたものを感じたからだった。

「あ、いただきます……」

会議室に通され、差し出されたお茶に手を出すと、緊張で喉が渇いていたのだろう、健一はそれを一気に飲み干した。ふうとひと息ついたところで桜子が切り出す。

「会社を立て直したいとお考えなのですね」

「あ、は、はい！」

「ただ……言っておきますが、コンサル料は安くありませんよ」

「あ……」

「でも絶対に後悔はさせません」

「うーん……でも実は今の自分には月々のコンサル料を払える自信がありません。でも、遠山さんに見ていただきたいのは本当です。うーん……そうだなあ。たとえば、ですけど……」

健一は後頭部をかきながら桜子をチラッと見た。

「たとえば、毎月、こちらから遠山さんのもとに訪れます。それから、ビジネスのことは自分で勉強するので、それにアドバイスをいただくという形で、少し、コンサル料を安くしていただくというのはどうでしょうか」

桜子は思わず言葉を失った。こんな交渉をされたのは初めてだ。しかし、同時に「面白い男だ」とも感じた。

「……まぁ、いいでしょう。私のアドバイスは厳しいですよ。ついて来ることができるかしら」

「ももも、もちろんです！　そして、売上1億円を突破した暁には正式にコンサルを依頼したいと思っています」

健一は背筋をのばして椅子に座りなおし、テーブルに額をこすりつけるようにしておじぎをした。

まずは「おとり」を見つけるべし

「では、はじめましょう。昨晩、現状の売上は6000万円くらいとおっしゃっていましたが、正しい数字はわかりますか？」

「ええっと……」

「ああ、その顔は数字なんて見たこともない、というところでしょ」

「経理の人間が管理していて……」

「やっぱりね」

健一は恥ずかしそうに首をすくめる。

「見ても何のことかよくわからないし、そのへんは経理と税理士さんに全てお任せしていました。自分は日々の業績を聞く感じで……」

「それでよく会社がヤバいだの何だのと言えましたね。売上の数字も、怪しそう……。もちろん売上より重要なのは利益、それより大切なのはキャッシュですけどね。数字をしっかり見ていないと……」

「う……わ、わかりません。でも、ひどい状態だってのはお客様が来ないのを見てたらわかりますよ。本当、閑古鳥が鳴いているってこういうことを言うんだなって感じです」

健一のマヌケな言葉に桜子は笑ってしまった。

「数字も見ていない社長なんて……社員の弟さんたちが気の毒だわ」

「あ、はい。これから勉強させてもらおうと思います」

健一はニヤニヤと笑っている。桜子からの叱咤をまるで喜んでいるかのようだ。

「ナミハ電気に関しては、私も昨日少し調べさせてもらいました。おじいさまの代から続いているなんて、町の皆さんからは愛されているんでしょうね」

気を取り直し、桜子は話を続ける。

「ま、そうですね。その代わり新規顧客の獲得はゼロに等しいんですけどね。お客様はほぼ50代後半から60代前半の方です」

「そういう方々って、そんなに電化製品を買うのかしら」

「いいえ。若い人に比べると『新しいものが出たら次!』って感じはまったくないんですよ。だから最近は換気扇、つまりレンジフードの交換工事なんかをやってます。電気屋じゃなくて町のお助け屋さんですよ、これじゃ。工事の技術ばっかり上がっていって……どうしたら全盛期に戻れるんでしょう」

「あら、それでいいじゃないですか」

桜子の言葉に健一は腕組みをしたまま前のめりになった。

「今、え?　何と言いました?」

「工事、もっと拡大すればいいじゃないですか」

「うち、電気屋ですよ?　遠山さん」

「もちろん、存じあげていますよ」

「電気屋が工事ですか？」

「ええ。だって、工事の腕には自信があるんでしょう？」

「そりゃずっとやってますからそうですけど……」

桜子はにこやかにうなずく。

「レンジフードの工事だけじゃなくて、キッチンのリフォームをやっちゃえばいいのよ」

「えっ？」

「だって大手の家電メーカーも、システムキッチン作ってるじゃないですか」

「そりゃぁ、そうですけど……」

「そうね、キッチンだけじゃなくって、トイレやお風呂とかお部屋全体のリフォームをやってしまえばいいのよ」

「いやいや、それは僕ら電気屋の仕事じゃないでしょ。リフォーム屋の仕事ですよ」

健一は顔の前で大きく手を振る。この人、とにかくジェスチャーが大仰でうざったいと思いながら、なんとなく憎めずにいる。

「あら、そう？　住宅メーカーのパナホームはパナソニックの子会社でしょ。電気屋さんが家のことをやってもおかしくないわよ（↓**解説❶126ページ**）」

「そう……ですけど……」

「ま、家を作るのは大変だからまずはリフォームで商売を広げてみたら？」

「でも、どうやったら」

桜子の言葉の意味をよく理解できない健一は、腕組をしたまま口をへの字にまげている。答えが出てこないことにイライラしているのか、貧乏ゆすりを始めた。

キーワードは「ストックビジネス」

「波葉さん、あなたが負けると思っている大型の量販店でさえ最近は収益があがらなくなっていることは、もちろんご存知ですよね？」

「はい。ネットで安いものを買う人が増えて店はショールーミングに使われるだけでたまったもんじゃないですよ」

「そう。もう家電を売るだけでは収益があがらなくなっているのよね」

「はい。だからこうして遠山さんに……」

「キーワードは、『ストックビジネス』です」

「ストック……？」

健一の頭の上にクエスチョンマークが浮かんでいるのが見える。

桜子は椅子から立ち上がり、ホワイトボードの前に立つ。

「ビジネスで収益をあげるためには、フロービジネスとストックビジネスの2つの視点があるんです」

ふむふむとただうなずく健一は、桜子から「メモはとらなくていいんですか？」と指摘されると、「そうでした」と慌てて鞄から手帳とペンを取り出した。

「フロービジネスはそのたびに顧客と関係を築いて、その時々に応じて収益をあげていくスタイルのことを指します。一方、ストックビジネスは蓄積型の売上や収益構造を持ったスタイルです。顧客を囲いこんで持続的なサービスを提供しながら長期スパンで収益をあげていく。たとえば『会員ビジネス』なんかが当てはまりますね （↓解説❷134ページ）」

早口の桜子についていこうと、健一は必死でペンを走らせる。

「で、この2つには大きな違いがあります」

図6　フロービジネスとストックビジネス

	フロービジネス	ストックビジネス
どんな関係か	その都度、顧客との関係を築いて収益をあげる	顧客を囲い込んで、蓄積型の売上、収益構造を持つ
どんな仕事か	一般の小売、通常の取引	会員制ビジネス 課金型
メリット	最初から売上が伸びる可能性が高い	一定の売上が見込めるので経営が安定する
デメリット	持続的な収入は期待できないので、経営は安定しづらい	顧客数が増えてこないと売上増が見込めない

桜子はホワイトボードに図表を書き出した。

「フロービジネスはスタート段階から売上が伸びる可能性が非常に高いんです。でも、デメリットがある。何だと思いますか」

「えっと……顧客をその時々に応じて作って、卒業させてしまうから、持続的な収入が得られないってところですかね」

「わかってるじゃない。正解です」

突然の質問に、しどろもどろになりながらも答えた健一に、桜子はつい感心してしまった。

「へへっ、ありがとうございます」

そのにやけた顔を見て、桜子は心の中

で「前言撤回」とつぶやく。

「続けます。フロービジネスに対してストックビジネスは顧客を獲得するまでには時間がかかりますが、そのぶん、顧客さえつかまれば安定した収入が見込めるというメリットがあるんです」

「なるほど～」

「日本の中小企業の多くは、ほとんどがフロービジネスなんですよね。商品を売り込むために企画を立てる。売れてしまったら、また違うお客様に売るために新しい企画を立てる、の繰り返し。これでは、生き残れるわけがないんです」

健一は自分がやってきたことを振り返っていた。

商品を売るためにチラシに力を入れたり、店頭に立って呼び込みをしたりしても、まったく効果はなかった。

流行りもの好きですぐに家電を買い替える若いお客様を取り込もうと、弟たちに派手なポップを作らせたり店のレイアウトに凝ったりもした。

しかし、たとえそれで売れたとしてもその時だけで、継続的な販売促進にはつながらなかった。

ここまでやってもうまくいかないのだから、もう町の電気屋の時代は終わったのだろうと、そう思ってしまったのだ。

「遠山さん、もしかして、僕が今までやっていたことって意味がなかったんですかね……」

がっくりと肩を落とす健一に、桜子はやさしく言った。

「そうですね。具体的に波葉さんがどんな工夫をしたかはわかりませんが、そのどれもがあまり効果的ではなかった。それはフロービジネスの枠から出ていなかったからです」

桜子は続けた。

「でも、救いがあるのは、レンジフードの交換工事をしていたことです」

「もう！　だから、いったい、それのどこに解決策があるんですか！」

また振り出しに戻るのか、と健一の語気が強くなる。桜子は髪をかきあげ、にこっと笑った。

「工事を通して、ストックビジネスに転換するチャンスがあるからです」

「はあ……」

健一には話の行く先が見えない。

「おとり」はレンジフードの交換

「ストックビジネスへと転換するには、その工事をおとりとして使います」

「おとり……?」

「まず、お客様を作るためには入口が必要です。その入口にレンジフードの交換工事があるんです。そうやってナミハ電気に来るお客様をストックしていくんです」

「わかるようでわからないなぁ……」

健一は、全身の力が抜けたかのようにだらりと椅子の背もたれに体重を預けた。あまり前向きではないようだ。

いったいレンジフードの工事でどうやってお客様をストックしていくんだ? 本当にそんなことで売上が上がるのか? そんなことを健一は考えているに違いない。桜子にはおおかた察しがついた。

「とにかく家電を売ろうと思わずに、皆さんが困っている問題を解決することに努めてみてください」

「桜子さん、それでリフォームっていうのは……」

「ええ……」

そこまで話したところでコンコン、とドアが鳴った。

「桜子さん、そろそろ出かけないと次の打ち合わせに遅れますよ」

河田の声に桜子は腕時計を見る。あまりに熱中しすぎて時間のことを忘れていたのだ。

「ああ、今日はもう時間切れだわ。とにかくレンジフードの交換を今よりもさらに強く打ち出してみてください。そうやってお客様を取り込むんです。そのあとはキッチンをリフォームして、キッチン家電の買い替えをお勧めするの」

ものすごい早口に、健一は一言も聞き漏らすまいと必死だ。

「ほら、50代、60代の方の依頼の多くは換気扇の取り換え工事だと言っていたでしょう。ということは相当年季の入ったキッチンってことになりますよね。交換工事に行った際に『キッチンの扉も壊れているんじゃないですか？　いっそのことキッチンもリフォームしたらどうですか？　換気扇の取り替え工事をしてくださったお客様には、お値打ちにリフォームさせてもらっているんですよ』って、言ってみてくれないかしら?」

「はっ、はいぃ」

健一は必死でメモをとる。しかし、意味はまったく理解できていない。

「そうして顧客を取り込むことができたら、いよいよ『顧客の会員化』よ。たとえば……そうですね、年会費1万2000円で会員になれば、いくつかの小さな工事を無料でやりますと打ち出す。エアコンの掃除なんかもいいわね」

「それ、通常価格だと2万円前後でやってますけど…」

「お客様に、会員になると得だと思ってもらうには、それに見合ったものを提供しないと。それから、ほかにも会員特典として家電の割引をしたりするのもいいと思うわ」

「なるほど。チラシをまく料金を考えたら、買ってくれる人に割引を実施したほうが効率はいいですよね」

「こういった特典で、お客様を囲い込み、会員が1000人になったとしましょう。そうすると?」

「……すごい! 1万2000円×1000人で年間1200万の売上は約束される

ってわけですね」

健一の言葉に桜子はにっこりと笑う。

「その通りです。それがストックビジネスの基本なの。じゃあ、今日はここまでで続きはまた1カ月後にでも」

そう言って席を立とうとした桜子を、健一は慌てて呼び止めた。


「ちょっと待ってください。最後にひとつ質問があるんです」

「なんでしょう」

「その、リフォームをするとなるとキッチンをまるごと取り替える作業が発生すると思うんですけど、そういうのってどこから仕入れるんでしょうか。さすがにうちの店ではシステムキッチンまでは取り扱ってないんですよね、電気屋なので」

「波葉さん……。それ……本気で聞いてます？」

健一の言葉にあっけにとられた桜子はつい本音がポロリと口から出てしまった。

「え？」

「そんなこと、考えたらわかるじゃない。メーカーにどうやって仕入れができるか聞いてみれば済む話でしょう」

桜子の言葉に、さすがの健一も焦ったようだ。

「そ、そうですよね！　この話が終わったあとで、電話で聞いてみたいと思います！」

後頭部をかきながら、思い切り作り笑いでごまかしている。後頭部をかく時はちょっと後ろめたい気持ちがある時なんだろう、と桜子は思った。

「あのね、電話なんて今すぐできるでしょう。大切なことは後回しにしない。そうしないと現状は変わりません」

桜子はそのほっそりした指で、健一の胸ポケットにある携帯電話を指した。

「あ、は、はい！」

桜子に時間がないのを気にしつつ、健一は仕入れ先に電話をかけた。時折、桜子の表情を気にしながら通話相手に向かってまたも頭をヘコヘコ下げている。

「どうでした？」

「あ、な、なんか、仕入れは簡単にできるそうです」

「そうよ。波葉さん、何でも難しく考えすぎたらダメですよ！　不可能はないと思って取り組まないと」

「ええもう、おっしゃる通りで……」

健一は先ほどと同じように頭をヘコヘコ下げる。まるで赤べこだ。

「それにね、キッチンはショールームにお客様を連れていけばキッチンコーディネーターが提案して設計してくれます」

「そんなようなことをさっきも電話で言われました……」

「まあ、とにかくそこまでやってみてください。次にやるべきことがきっと見えてきますから」

桜子はそれだけ言うと、慌ただしく会議室を出て行った。

「あっ、待ってください」

健一もそそくさと手帳を鞄に戻すと急いでそれに続く。

ドアを閉める寸前にホワイトボードを振り返る。

「ストックビジネスか……。よし、やってみるぞ！」

「ジョウゴの法則」でV字回復も夢じゃない!?

桜子の事務所から帰るや否や、健一はさっそく弟たちにその話を伝えた。「まずはレンジフードの交換をして、そこからキッチンのリフォームを受注する」という話だ。

「またいつもの思いつきか」と初めはうんざり顔の2人だったが、桜子の受け売りながらも真剣に話す兄の姿にだんだんと圧倒され、すぐさま「レンジフード交換工事、今なら特価でやります!」と書かれたチラシを作り、その日の帰りに、それぞれが近隣にポスティングすることにした。

翌日からも3人はそれぞれエリアを決めて、時間を見つけてはチラシを配り続けた。

変化が起きたのは、1週間後だった。

「うちの換気扇を見てもらいたいのだけど……」

と、お客様がやってきたのだ。家電の買い物ではないにせよ、自分たちの行動が結果につながったと、弟たちの顔にもヤル気がみなぎった。

依頼者は、63歳の昔から馴染みの女性だった。家で工事をしていると女性は、

「換気扇がカタカタうるさくてね……。思い切って直してもらって良かったわ。何もかも古くなって、私も歳だけど、家も歳をとったわ」

と笑った。そこで「だいぶキッチンもガタがきていますね。扉もきちんと閉まらないし……。いっそのことキッチンも変えたらどうですか？　食洗機もついて使いやすいですよ。お値打ちにできますから」と、リフォームへ誘導したのだ。

見事に生まれ変わったキッチンを見たその女性は、

「こんなに綺麗なキッチンで料理ができて幸せ！」

と喜び、なんと友だちを家に招きリニューアルしたキッチンを披露した。すると、それを見た人が、

「うちのキッチンも変えたいわ」

と、続々と押し寄せたのだ。

「これはいけるかもしれない」

健一は確信した。

そして1カ月後——。

「こんにちは。先日は慌ただしくて、ごめんなさい」

「いえ！　そんな……とても勉強になりました」

健一は再び桜子の事務所を訪れていた。

「遠山さん、今日はパンツスタイルなんですね。それも素敵ですけど」

鼻の下をのばしてニヤニヤする健一に内心あきれる桜子だったが、健一の変化にはすでに気づいていた。顔つきが変わっていたのだ。1カ月前とは違い、ずいぶん経営者のオーラが身についてきていた。「会社を守ろう」「家族を守ろう」という気概が、表情から満ち溢れているのだ。

「波葉さん、なにか良い変化があったんですね」

桜子が切り出すや否や、健一は嬉々として話し始めた。

「やっぱり、わかります？　遠山さんの言う通り、レンジフードの交換工事を大々的にうたったら、キッチンリフォームを希望する方が増えたんです。それで、なんとお客様がお客様を紹介してくださって。初めは半信半疑だった弟たちも『これはすごいぞ』という雰囲気になって……。下の弟なんか工具セット一式を買いそろえてリフォーム屋としてヤル気満々なんですよ」

「あら、それはすごい変化ですね」

「はい。自分も、まさかここまで変わるなんて……。でも、これだけではまだ売上1億円には届かないと思うんです。それと、先日言われたストックビジネスにはつながらないですし」

「そうでしょうね」

「それで、今日は正式にナミハ電気のコンサルティングをお願いしたいと思って来ました。僕自身もしっかり勉強をしますから、どうかお願いできないでしょうか」

そう言うと、健一は椅子から立ち上がり、両手を前に重ねてうやうやしく頭を下げた。桜子の頬にやさしい微笑みが浮かぶ。

「はい、もちろんお引き受けしますが、ひとつだけ約束していただきたいことがあるんです。聞いてくれますか？」

「もちろんです。何でもします！」

桜子のおだやかな声に吸い寄せられるように健一はすぐさま顔をあげる。

「私が言うことは絶対に実行してください。もしかしたら『そんなことできるわけがない』と思うかもしれませんが、それでも、です。この約束が守れないのだったら私はすぐにコンサルを降ります。それでも、いいですか」

「僕は遠山さんについていくと決めた男なので、そんなのお安い御用です！　何だって言う通りにします！」

なぜか敬礼をして直立する健一を、まるで忠犬ハチ公のようだと桜子は思った。

町の電気屋がリピーター客を獲得するための方法

「あの、なんと言うか、もっと普通で結構ですよ、波葉さん」

「はい。弟たちはまだ『売上1億円はさすがに難しいんじゃないか』と言っているんですが、僕は遠山さんのお力を借りれば絶対に大丈夫だと確信しています！」

「当たり前です。私プロですから」

桜子はすっと人差し指を立てる。

「儲けるなんて、簡単よ。すぐに1億円、お約束します」

決め台詞のような桜子の言葉に健一は身もだえた。

「すぐに、1億円」

「そう、私は『すぐイチ』って言っています。会社の中でもぜひ合言葉にしてください」

「すぐイチ……！　了解しましたっ！」

あらためて敬礼する健一に笑顔を向けてから、桜子はホワイトボードの前に立った。

「それじゃあ今日は、ナミハ電気が成長していくための仕組みを一緒に確認しましょう。駆け足ですけどすぐに売上を作るためですからきちんとついてきてください」

「はい！」

健一は、椅子に座りなおすとすぐさま鞄からメモ用紙とペンを取り出した。メモには相談内容や解決方法が書き込まれている。この1カ月での健一の変貌ぶりがそこに現れているようだった。桜子は健一のその成長が嬉しかった。

桜子はまず、ホワイトボードにジョウゴのような形を書く。

「遠山さん、それは何でしょうか」

「はい。これが、ナミハ電気が今後目指すべきプロセスです」

「逆三角形のこの形が……」

「ええ。お客様をストックしなくてはいけません。そのためには、この『ジョウゴの法則』が必要なんです（↓解説❸138ページ）」

「なるほど……？」

健一はとりあえず納得したそぶりを見せたが、頭の中は混乱しているようだ。

「まず、1カ月前に波葉さんがレンジフードの交換工事を商店街で告知しましたよね」

桜子はジョウゴの一番上、間口が広がっている部分に『告知・認知』と書き込んだあとで、その下に『おとり』と書き込んだ。

「問題です。『おとり』は何でしたか」

「はい！　レンジフードの交換工事です」

健一はまるで小学生のように右手をのばして答えた。

「その通りです。ここまでは以前しっかり説明しましたよね。じゃあ、レンジフードの交換工事というおとりで集まったお客様には何を売ったらいいんでしたっけ？」

「えっと、キッチンのリフォームです」

「そう。特に女性はキッチンを変えると周りの電化製品も新しくしたくなる人が多いんです」

「言われてみれば……」

確かに交換工事をしてからというもの女性のほうから「せっかくだから冷蔵庫も新品に変えようかしら」「家事が楽しくなってきたから電子レンジもスチームオーブンにしようかと」といった声が聞こえてていたのだ。

桜子はにっこりしてから、「おとり」の下に「リピート」「キッチンのリフォーム＋家電買い替え」と書き込んだ（↓解説❹１４４ページ）。

「あ！」

ガタッと椅子を鳴らして健一が立ち上がる。

「レンジフード交換工事という一見すると電気屋とは関係ないものを『おとり』にしたことで、うちの店で家電を買うお客様が増えている！」

「そうですよ。まずは告知で存在を知ってもらったら、おとりでお客様の心をつかむ。そして家電にもっていくことでナミハのリピーター客を増やしていくんです」

「すごい！　遠山さんはやっぱり天才ですね！」

まるで子どものようにはしゃぐ健一に苦笑しつつ、桜子は続ける。

図7　ナミハ電気の「ジョウゴの法則」

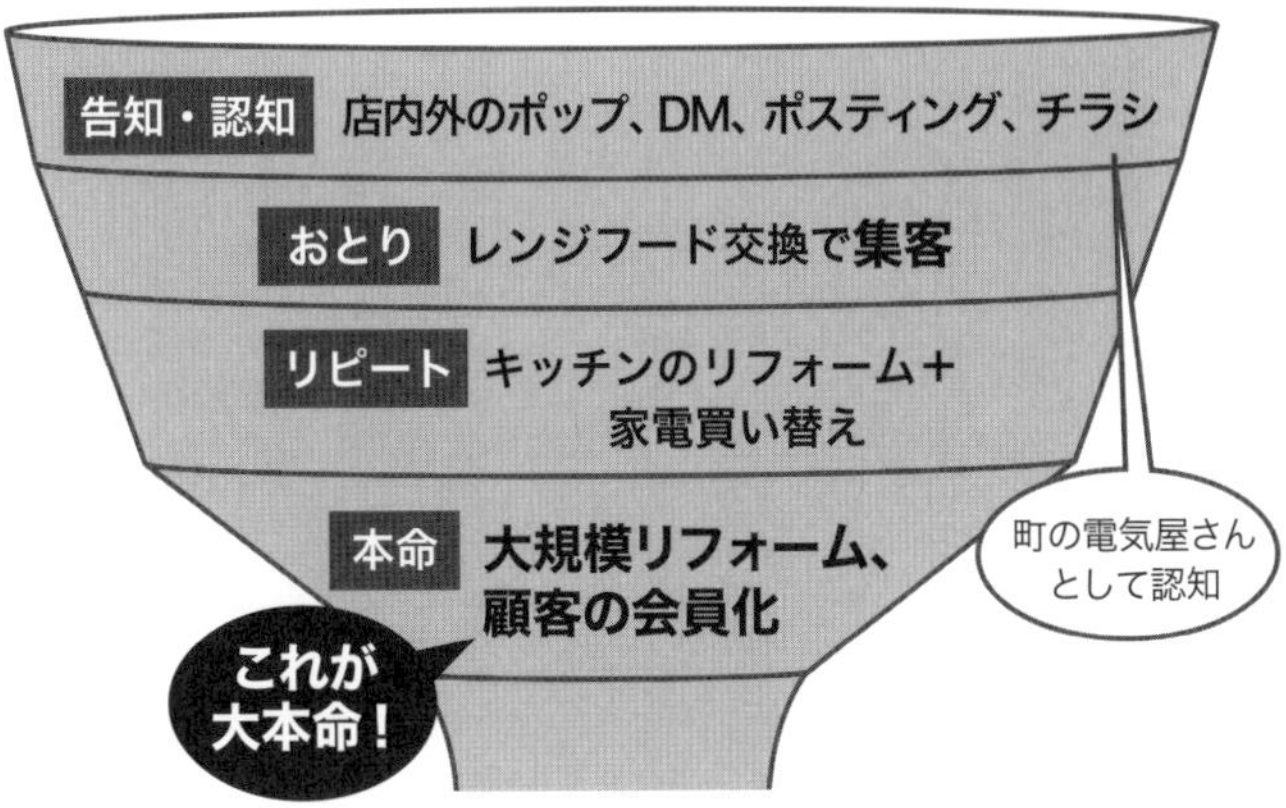

「こんなのまだ序の口です。本命は、ここにあるの」

ジョウゴの図の一番狭まった部分を指す。

「この前の話でいくと、大型リフォームと……『顧客の会員化』ってことですか？」

「その通り。大型リフォームも請け負いますということを宣伝するんですよ。そうしたらキッチン家電だけじゃなくて、水回り、例えばトイレやバスルームなんかのさらに金額の高い商品を売ることができるでしょう。そうやって顧客を取り込むことができたら、いよいよ大本命の『顧客の会員化』。本格的なストックビジネスを始めるのです」

次々に出てくる提案に、健一はただただ「なるほど」とうなずくばかりだった。まるでそういうおもちゃのように、しきりに首を縦に振っている。

「リピーターのお客様から年会費をもらって囲い込む……」

桜子がホワイトボードに「顧客の会員化」と書く。

「ああ、これが、前回教えてもらった1万2000円の会員ってことですね！」

と、健一がすかさず声をあげた。

「その通りです。おとりから始まって、あらゆるものでお客様を囲い込んだらあとはストックビジネスに持っていくんです（↓**解説❺147ページ**）」

「す……すげぇ！」

点と点が線でつながる感覚とでもいうべきか、健一は身震いをしながら嬉々としてメモを走らせた。

「これでひと通り、『ジョウゴの法則』の説明はおしまい」

桜子はペンを置き、椅子に座った。

店のファンが営業を担当してくれる

「でも遠山さん、ひとつ相談があるんです」

健一はまたも深刻そうな顔で、目の前に座る桜子に詰め寄った。

「うちには、今のところ新たに人手を増やせるほどの余裕はありません。かといって、応募で集まったパートタイマーさんにリフォームの営業や相談をさせるのはちょっと不安が……」

「あら、いいじゃない。パートさんで」

「えっ？」

「営業は応募してきた人ではなく、どうせだったらお客様を営業にしたらいいんですよ。購入者は客観的に店のことをわかってくれているはずです。それにキッチンの使い勝手がわかっているから、実際のユーザーとしての意見も言えるし、『実は私もナミハの客だったんですよ』といえば、顧客側も安心するでしょう。雑談に花が咲くことで店とお客様の間にふれあいが生まれるし、いいことだらけだと思いますよ」

健一は「当然でしょ」と言わんばかりの桜子の口ぶりに聞き惚れていた。

「波葉さん、どうですか。これでナミハ電気の業績を回復させるためのストーリーが見えてきたと思います」

「はっ、はい！」

「ここまでいけば、クチコミでナミハ電気の話題は広がっていくでしょうから、特別に営業をしなくてもよくなると思いますよ」

ホワイトボードに書かれた「ジョウゴの法則」と桜子の顔を交互に見る。ナミハが変わろうとしている——。健一は高ぶる気持ちをおさえきれずに再び椅子から立ち上がり、桜子の手をとった。

「遠山さん！　いえ、桜子さん！　あなたはナミハ電気の救世主です。いえ、女神様です！　僕は一生あなたに仕えます！」

ぎょっとする桜子におかまいなしに、健一はその手をブンブンと上下に振り続ける。

「私、別に奉仕してくれる人を求めてませんから。波葉さんはとにかくお客様の幸せを考えることが一番ですよ」

「あぁ、その口ぶり、しびれます！」

「ちょっと……」

河田の「また外で拾ってきちゃったんですか」という台詞が、頭の中で呼応する。ああ、厄介なことになってしまったと思いつつも、桜子は間違いなくナミハ電気に期待している。このビジネスモデルなら絶対にうまくいくと確信しているのだ。

「とにかく！」

健一の手をなんとかほどいた桜子は、真剣な目で健一を見つめた。

「まだまだこれからです。大切なのはこの話を実際にナミハ電気で生かすこと。あなたにそれができますか？」

「もちろんです！　桜子さんのためなら何だってできます！」

「だから、お客様のためにするんだってば……」

かくして、桜子の新たなコンサルティング先としてナミハ電気の波葉健一が加わったのだった。

解説1 固定観念がビジネスの幅を狭めている

そもそも、ナミハ電気の健一もその一人ですが、「自社は○○業だから」という、「当たり前基準」で自らの会社を捉えている企業やお店が多すぎます。

「町の電気屋だから電化製品を販売する。工事はウチのやる仕事じゃない……」

本当にこんな考え方でいいのでしょうか。

私は、常々「業種・業態を組み合わせてください」と言っています。第1章の「漢方・整体サロンＨａｎａ」でいうなら「漢方＋整体」です。

実はこの組み合せが良かったのです。漢方を販売する人は、漢方を処方し飲んでもらうことで体の調子を整えます。逆に整体は施術によって復調を目指します。まったく違う考え方、方法で体調の改善を図るのです。

ということは、それらを組み合わせることで、両者からの参入障壁が高くなるとも言えます。**ビジネスは参入障壁を作らなくてはいけません。自社にしかできないことを生み出すのです。**

電気店の場合、同じ商品を販売していたら、品揃えが多いほうが有利ですし、安いほうが売れます。町の電気屋さんよりも品揃えだったら大型店、価格を比較するとネットショップに流れてしまうわけです。

ですから、ナミハ電気にとっては、自分たちの店で購入してもらう理由を作り出す必要があるのです。

桜子は健一に「工事」を増やすように言いました。大型店やネットショップは商品を安く販売することは得意ですが、細かな工事となるとネットショップでは対応ができません。

特にナミハがターゲットにしている年齢層は、わざわざ大型店へ行ってリフォームを依頼することを躊躇するでしょう。なぜなら全く人間関係がないからです。

この世代の感情欲求は「できれば昔から付き合っている町の電気屋さんのほうが安心だ」と思うのが一般的です。知らない人にずかずかと家に入って来てほしくないのです。

しかも町のリフォーム屋さんを新たに探して依頼するのではなく、昔から馴染みのナミハ電気へ換気扇の工事の依頼をするのですから、ぐっとハードルが下がるわけです。健一はそんなターゲットである層の気持ちがまったくわかっていませんでした。

確かにレンジフードの細かな工事だけを受注しても、全盛期の売上には届かないでしょう。でも、それはあくまで「おとり」として考えれば良いのですが、健一は目先のことしか見えていないので、こういう発想にならないわけです。

桜子は顧客が換気扇をレンジフードに交換するということは、キッチンも相当痛んでいると仮説を立てました。なぜならば、レンジフードだけ交換することがあったとしても、換気扇を残して、キッチンだけを変えるということは考えにくいからです。

女性にとってキッチンは城です。小さかった子どもたちに手料理を食べさせ立派な大人に育ててあげた。若かった旦那さんを支えて、子育てと共に奮闘しながらも家族の健康を気遣ってきた。旦那さんが中年になれば、メタボ対策の料理に変えた……そんな家族の歴史を作ってきたキッチン。女性にとって特別な場所なのです。

キッチン工事の受注をどのように取るか？

なぜナミハ電気はこんなにうまくリフォームまでつなげられたのでしょうか。本編では描き切れなかったのですが、ここでちょっと細かく見てみましょう。桜子は、健一に換気扇の交換を依頼してきた奥様に、その工事の時に、こう言うように伝えます。

「レンジフードに変えると掃除がとっても楽になりますよ」

そしてキッチンを見て、

「キッチンもだいぶ使い込んできましたね。いっそ、キッチンもリフォームしたらどうですか？　工事も簡単ですし……」

すると奥様の心が少し揺らぎます。そしてこう続けるのです。

「だって、奥様が一所懸命家族のためにがんばってきたから、お子さんも今年結婚ですよね！　ご主人も感謝していると思いますよ。**キッチンは奥様へのご褒美ですよ！**　キッチンのリフォームをしたいって言ったって、反対しないと思いますよ」

奥様は間違いなく「そうよね!!　当然よね」と思います。これは奥様の承認欲求です。自分ががんばってきたという証なのです。

そもそも人は承認を得たい生き物です。

「今日、主人が帰ってきたら話してみるわ」

ここまできたら、お勧めのキッチンのカタログを置いてくればいいのです。

ご主人が帰ってきて、機嫌のいい奥様が、

「今日、壊れていた換気扇を交換したのよ。ついでにキッチンも変えようかと思って。レンジフードの交換をしたら、キッチンをお値打ちにしてくれるらしいし」

「ん？　いくらなの？」

このセリフを放ったご主人は、残念ながら地雷を踏むことになります。

「ダメなの？　私ががんばったから、子どもだって大きくなったんだし。あなただってそうよ。私がいたから仕事ばっかりできたんでしょ。子育ても何にもしてこなかったじゃない!!」

この後の会話は、想像できると思います（笑）。

地雷を大爆発させないためにも、世のご主人は、こう言うことでしょう。

「ダメだなんて一言も言ってないじゃないか。いくらなのって聞いただけだよ。好きにすればいいよ」

「もちろんそうするわ」

ほら、実に簡単にキッチンが、売れてしまうでしょう。

それだけではありません。女性はキッチンをリフォームすると古い電化製品を間違いなく交換したくなります。

食洗機はキッチンにビルトインされていますし、新しく冷蔵庫、炊飯器、電子レンジにあれやこれやと買いたくなるのです。そして「いっそのこと壁紙も変えたいし、床も新しくしようかしら……」とキッチン以外の部屋中のリフォームに発展していくのです。

また綺麗になったキッチンで気分の良い奥様は、間違いなく友達を自宅に誘うようになります。

「キッチン、リフォームしたのよ。お茶でも飲みにこない？」

それを見たお友達は、

「いいわね〜。羨ましいわ」

「何を言ってるのよ。あなただってリフォームすればいいじゃない。だって私たちが子育てして、旦那を送り出して、ここまでがんばってきたから今があるのよ。私、いい電気屋紹介するわよ」

ほら、頼んでもいないのに友達に営業してくれるのです（笑）。

後に続くリフォーム、1回きりで終わるリフォーム

その後、健一は桜子に言われた通り、キッチンのリフォームを調子よく取っていきました。しかしある時、紹介がなくなった……としょんぼりした顔で言いにきます。

「何のリフォームをしたの？」

「えっ？　何のって……。最近は、温水器の工事も多くて」

「ばかねえ。それよ」

なぜなのかわかりますか？

せっかくレンジフード交換からキッチンを販売することで紹介が増えていたのに、**キッチンを販売しなくては、後には続かない**のです。キッチンをリフォームした女性は、友達を呼んで自慢をしますが、温水器をつけて「私、温水器つけたから、お茶飲みに来ない？」とは、誘わないでしょう。

しかも、小さな町の電気屋さんの商圏範囲は狭く、温水器を取り付け切ったらそれで終わり。キッチンの場合は紹介で商圏範囲外のお客様も取り込むことができます。

だからこそ、**クチコミで紹介されるための「おとり」はレンジフードの交換で、リピートはキッチンリフォームであるべきなのです。**

「あなた、本当にわかってないわね……」

と、桜子は思わずため息をついてしまいました。

でも、これだからビジネスは面白いのです。

解説❷

フロービジネスとストックビジネスの違い

第1章でも少し説明しましたが、この2つの違いをわかりやすくいうと「お客様との関係がその都度終わるか、継続するか」です。

フローとは英語の「flow」からきていて「流れ」という意味です。1回の取引でお客様との関係性が継続せず流れていってしまうので貯まることがありません。

新規顧客の獲得や新規顧客に販売するコストは、既存顧客に販売するコストの約5倍の費用がかかると言われています。これを『1：5の法則』と呼んでいます。

1件のお客様を獲得するのには、大変な労力と莫大なお金がかかっていることになります。売上を作るために全力で走り続ける必要がありますし、売上が上がるかどうかは、その場になってみないとわかりません。

しかも新規顧客の獲得は、景気や外部環境の変化に左右されがちなものです。一方、販売活動を強化すれば、急速に売上を作ることができます。桜子が言うように今までの日本の中小企業の多くは、このフロービジネスで売上を作ってきました。

一方のストックとは、英語の「stock」からきていて「蓄積」という意味です。1度お客様との取引が開始すれば関係が続き、継続的な売上を上げることができます。1度の契約で固定収入が毎月入るわけです。

もちろん最初の契約を結ぶまでは、フロービジネス同様、全力を出さなくてはいけません。契約期間があったり、途中解約のリスクもあったりしますから、常に顧客満足を考え、サービスや商品が時代の変化に対応し陳腐化しないようにする必要もあります。しかし、ストックが積み上がれば売上が安定しやすくなります。

さらに、**ここで重要なのはストックが積み上がるまでの資金繰りの対策です。**フロービジネスは1回で完結するため、比較的高額な商品やサービスを販売できますが、ストックビジネスはリーズナブルな価格設定にし、継続しやすくする傾向があります。

これからの日本の中小企業は、フロービジネスに偏りすぎず、お客様との関係性が続く、すなわち「収益が続くビジネモデル」を作る必要があるのです。最近では、ストックビジネスを展開する企業が増えてきました。自社のお客様が他社のストックビジネスの顧客にどんどん流れているかもしれません。要注意です。

電化製品はこの数十年で大きく消費のあり方が変わった代表格とも言えます。昔は町の電気屋さんで電化製品を購入したものです。壊れてもすぐに飛んできて修理してくれたりしたからです。

ところが、あっと言う間に時代が変化し、そもそも電化製品の故障もほぼなくなりました。お店との関係性が薄れると、人々は少しでも安く購入しようと品数が豊富な大型店で買うようになります。

そして、現在では関係性が薄れれば薄れるほどネットショップで購入する人が増えてしまったのです。

たとえばアマゾンには、利用者の購入履歴や商品への評価などのデータをもとに、おすすめの商品を提案してくれるレコメンド機能があります。正直、気の利かない店員さんよりサービスが良いと感じてしまう人が多いのではないでしょうか。

桜子はナミハ電気の健一にレンジフードの交換工事から、年会費を支払ってくれる顧客をストックしていくように指示しました。今となっては、粗利の取れない電化製品を1つ2つ売っていても大改革は起こせないからです。そもそもその1つ2つもなかなか売れず、大変なのですが。

健一がターゲットにしている層には、「電化製品がなくて困っている」「欲しくて欲しくてしょうがない」という人は少ないはずです。

ですから、キッチンのリフォームを契機として消費を喚起していくのです。「仕方なく買ってしまう」仕組みを作るのですね。

そしてこの層は、どちらかと言えば「もったないから使う」という人が多いはずですし、物を捨てることを良しとしません。ですから、新商品の割引よりも、メンテナンスを目玉にしたほうが会員になってくれる確率が高いわけです。このように顧客を囲い込むのが「ストックビジネス」です。

ターゲットとなる層の特徴をしっかりと把握することは、非常に大切です。それは、どのような「ストックビジネス」を作り上げるかという、仕組みに大きく関わってくるからです。

解説③

大本命へと落とし込む、「ジョウゴの法則」

健一が換気扇の取り替え工事から、キッチンリフォーム、大規模修繕の仕事が取れるようになったように、企業やお店は本当に儲かる本命商品・本命サービスを持たなくてはいけません。

121ページの「ジョウゴの法則」の図を見てください。

お客様と関係性をスタートさせる「おとり商品・サービス」から、「本命商品・サービス」に繋げていくのです。言い換えれば、「本命商品・サービス」を売るために、「おとり商品・サービス」があるのです。

そして、告知・認知は、全ての商品やサービスに向けてはいけません。そんなことをしたら的をはずして、ぼやけてしまいますし、多額な広告宣伝費がかかってしまいます。

また、焦って「おとり」から「本命」を売ってはいけません。しっかり関係性を作ってからです。それには、「1：3：5の理論」が大切になってきます。

「1：3：5の理論」とは、人間の脳は3回繰り返し同じお店や営業マンから物を買ったり、サービスを受けたりすると「いい人だな！　いい店だな！」と錯覚する、というものです。

5回繰り返したら、まさしく常連さんになるのです。常連さんになると他社と比較をしなくなります。それだけではありません。その営業マン、その店を応援してくれるようになるのです。

「この営業マンすごくいいから、利用してあげて！」

「この店、すごく対応がいいから行ってみてよ！」

こんな感じです。いかに世の企業やお店が常連さんになる前に「本命」を売ろうとして比較をされ、逃げられてしまっていることか。

いや、その前に、そもそも「本命」がないという企業やお店も多くあります。これは致命的です。

実際にビジネスモデル塾を受講された塾生さんが口を揃えて言うのが、

「だからうちは儲からなかったんですね。うちには本命がなかった……」

というセリフです。

逆ももちろんあります。住宅を販売されている建築会社の経営者は、

「おとりがないから、売るのが大変だったんだ……」

と。実は、その通りなのです。

整理すると、自社の本当に儲かる「本命商品・サービス」を作る。その「本命」を売るために「おとりの商品・サービス」を決める。そして、その「おとり」をしっかり告知し、認知してもらう。

焦らず、「リピート商品・サービス」で、「1：3：5の理論」に基づきお客様との関係性を構築する。これが「ジョウゴの法則」です。

「そんなに簡単にいくの？」

という声が聞こえてきますので、具体的な事例を元に説明します。

儲かっている会社には、おとり商品が必ずある

実は、世の中には「おとり商品・サービス」がたくさんあります。ここからは様々な「おとり商品・サービス」をご紹介しましょう。

まずは、再春館製薬所のドモホルンリンクルです。

皆さんが知っている、CMでおなじみのかなりのロングセラー商品ですよね。「無料お試しセット」しかも送料無料・3日以内でお届けします」というサービスの良いこと。なんと、8点の化粧品が届くのです。この再春館製薬所は日本にコラーゲンを広めた化粧品会社としても有名です。

ほかにも、女性だけの30分健康体操教室カーブスも「1回無料体験」を実施しています。最初から入会金や月謝を払って続くのか心配……という気持ちを解消していま す。

クラウド会計ソフト「ｆｒｅｅｅ」は「経理の効率が50倍に、無料で試してみる」アプリやソフトなど無料で試せるサービスがたくさんあります。「安いからついつい……」と、様々なサービスをお試しから契約している企業も多いのではないでしょうか？

このように、通販や教室、クラウドソフトに限らず、様々な企業が「おとり商品・

サービス」を作っています。「おとり商品・サービス」は、認知がしやすく気軽に体験や購入してもらうことが大切です。「おとり」に、**頭で考えなければ理解できないような説明説得商品**を持ってくると認知させることがとても大変になります。

また、様々な企業が「おとり」を無料にしていますが、「本命商品・サービス」がしっかり儲かるのであればとても効果的でしょう。

ひとつの商品を売る場合、たとえば洗剤など「増量中」と書いてあるだけでも消費が起きやすくなり、これも「おとり」と言えます。

また、人間の消費は、感情が起こしていると言いましたが、パン屋さんの場合、クロワッサンが小さいと言うだけで「あら！　かわいい」とついつい買ってしまいます。これも「おとり」と言えます。「ついでに明日の朝の食パンも買って行こうかしら……」となるわけですから。

ビジネスモデル塾の塾生さんの中にはこの「おとり」をしっかり作って住宅販売を成功させている方がいらっしゃいます。大分の「ＧＯＥＮ」という会社の三浦康司社長です。

三浦社長は、子どもたちに向けて「キッズマネーセミナー」を開催しています。4歳から10歳の子どもを対象に「お金の大切さ」「親への感謝」を伝える勉強会のようなものです。実は、これこそが「おとり」。子どもたちが楽しく学んでいる間、**彼らの親を別室に呼び、マネー相談会を開き、住宅を売る。**これこそが「本命」なのです。

もちろんすでに住宅を購入してしまっている方もいらっしゃいますが、4歳から10歳の子どもを持つ親御さん方は、これからマイホームを検討するという人も多い層。彼らにお金の話から、賢い住宅ローンの選び方をレクチャーするそうです。面白いことに「子どもにお金の勉強をさせたい」と思っている親は、真剣に検討し、相談してくるそうです。これまた属性ですね。

現在では、この集客方法を「ラクウル」（楽に売る　楽しく売る）というパッケージにして、全国の住宅メーカーに提供していくビジネスモデルで大活躍していらっしゃいます。

解説④

本命に繋げるための「リピート商品・サービス」も重要

リピートしてもらうには、商品やサービスを無理に購入してもらう必要はありません。もちろん購入してもらえたら売上にもなりますし、経営的には助かりますから、良く検討することが大切です。

ＢtoＢ（企業間取引）企業の場合など「1：3：5の理論」に基づき、営業マンが相手先の企業に顔を出すだけでも人間関係は築けるものです。

その場合、「忙しいのに何度も来て、逆に困る」と言われないためにも、**あえて保守管理を設けて訪問ができる仕組みを作る**など、戦略を考えるといいでしょう。そうすることで「君の会社はしっかりしているね」と評価が高まったりします。

飲食店でこの「リピート」をうまくやっているなと思うのが、焼肉の「大阪焼肉・ホルモンふたご」です。名前に大阪とついていますが、関東を中心に31店舗あり、今や海外にも5店舗を展開しています（2018年1月現在）。「はみ出るカルビ」という、焼き網からはみ出るくらいの大きな肉が有名なので読者の皆さんも良くご存知かもしれません。

この焼肉店は1人のお客様をとても大事にしています。たとえば、メニュー表にトングマークがついている焼きものは、スタッフが丁寧に焼き上げてくれます。通常であれば焼肉店は複数のお客様をターゲットにしているところが多いと思います。だからこそあえて1人のお客様を大切に、しっかり、しかも、つきっきりで焼きながら会話を楽しんでもらうことで次に繋げていくことに成功しているのです。

そして、どうやってリピートさせているか、というとスタンプカードです。

「えっ？　いまさらスタンプカード？」

そうなんです。いまさらスタンプカードで成功しています。

スタンプカードがいっぱいになるとお客様の名前入りのオリジナル「黄金のトング」がもらえます。このトングをもらったら、それこそ自慢したくて友達を誘って行ってしまいますよね。それ以外にもシルバー会員になると「ふたご祭」に優先予約ができ

図8　ホルモンふたごの「ジョウゴの法則」

たり、ファーストドリンクを無料でサイズアップしてくれたり、食後の飲むヨーグルトを無料でサイズアップしてくれます。

また「クラブふたご」を募ってシルバー・ゴールド・プラチナ・ブラックとステップアップを目指してもらい、これを通販に結びつける戦略を取っています。通販では、焼き肉、ＢＢＱ、もつ鍋、冷麺セット、さらにデザートまで取り扱っています。まさしく、「ホルモンふたご」の本命は通販なのでしょうね。しっかりリピートさせて本命へ繋げていると思います。

解説5

意外な「本命商品」で利益を稼ぐ

さて、ここからは最も大事な「本命商品・サービス」を具体的に説明していきます。

本命は収益性が高くなければなりません。「自社に本命がない」という方は、しっかり作り込みをしましょう。

ストックビジネス化ができれば、なおさら顧客と関係性が続きます。ストックビジネスについては前述しましたので、その他の企業でしっかり「本命の商品やサービス」を売っている企業をご紹介します。

業績がとても好調な赤ちゃんグッズを販売している西松屋。全国に947店舗展開（2017年12月現在）しています。

商品はどこにでもあるような紙おむつや粉ミルク、衣料品に見えますが、実はこれ、全て「おとり」です。西松屋の本命商品は言うまでもなくPB商品（オリジナル商品）なのです。

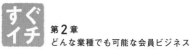

様々なオリジナル商品を販売していますが、その中でも爆発的に売れているのは、とても軽量化されたベビーカーやストレッチのきいたパンツなど。

お客様をしっかりメンバー化し、リピートさせながらアプリで顧客と繋がり、お客の声を商品開発に生かしています。

また、全国に126校（2017年10月現在）あるABCクッキングの「本命」は自社で働いてくれる料理の先生といえます。

「おとり」は500円の体験レッスン。すでにABCクッキングに入会している人からの紹介だと無料になります。その場合、紹介した人にポイントが付き、さらに体験した人が入会すると、その人にもポイントが付く仕組みになっています。

このポイントで商品を購入するのはもちろん、予約をして急遽休んだ場合の食材の一部負担金を補うこともできます。

リピートで様々な料理のコースを学んでいるうちに女性ならではの特性でしょうか、自分も料理の先生になりたくなってしまう人が後を絶たないそうです。素晴らしい仕組みだと思いませんか？

図9　西松屋の「ジョウゴの法則」

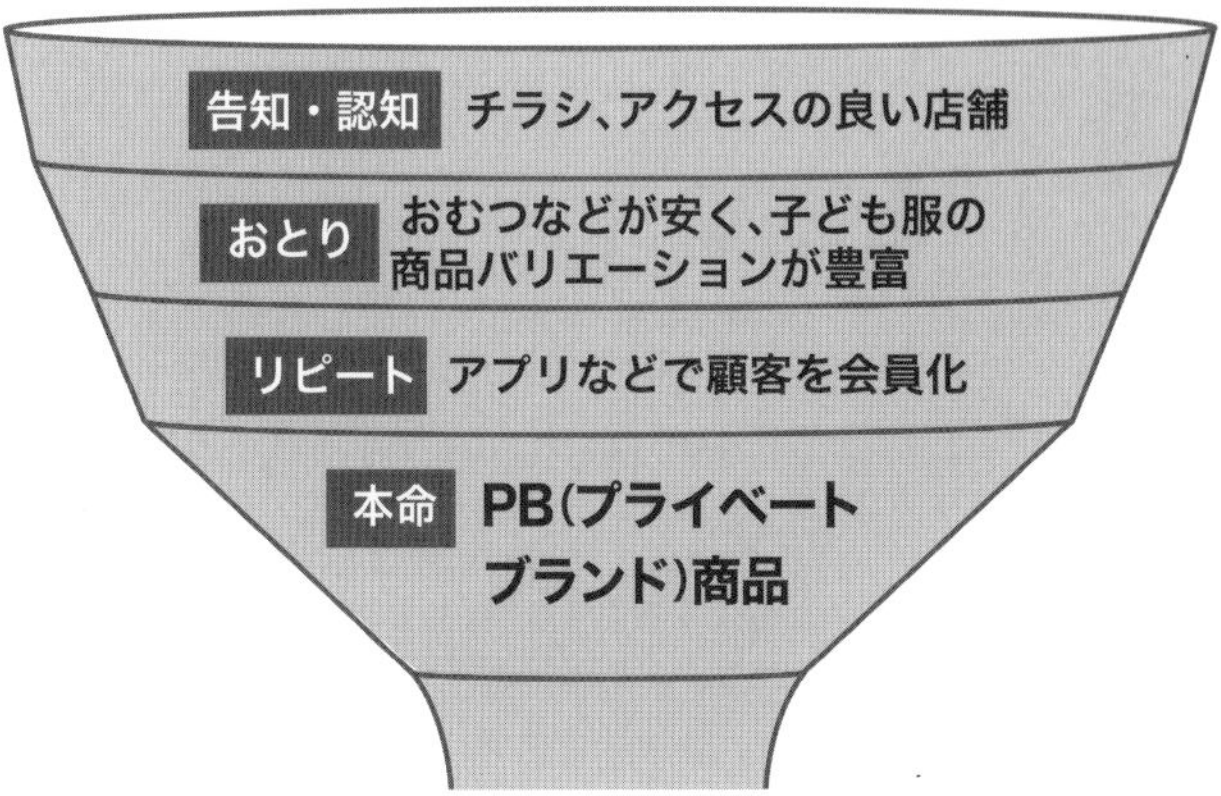

図10　ABCクッキングの「ジョウゴの法則」

図11　相模屋食料（豆腐店）の「ジョウゴの法則」

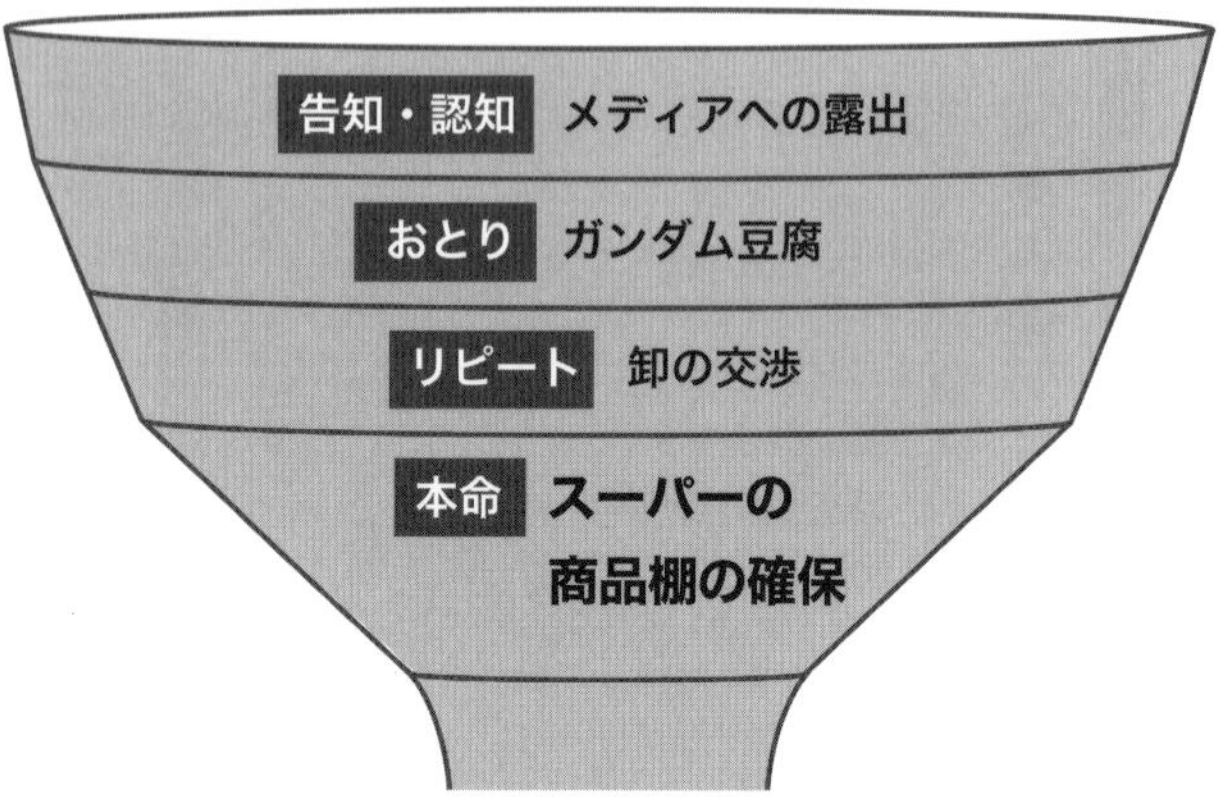

通常であれば、自社で料理の先生を雇用するには、新たに人を見つけ、お給料を支払い、なおかつ教育しなければなりません。ところがＡＢＣクッキングの仕組みだと自らが月謝を払って料理を学んでくれて就職です。採用教育活動がいらないのですからすごいことです。

さらに、コースにもよりますが、ＡＢＣクッキングの１回の料理教室は約２時間で６０００円ほど。生徒は自分で作って、食べて、食器まで洗って帰ってくれるのです。

飲食店ではどうでしょうか。自店で作って、提供して、片付けて……。２

時間で6000円をいただくのにヒーヒー言っているお店はたくさんあります。見方を変えるととても滑稽に思えてきますよね。ビジネスモデルを作るうえで、「見方を変える」こと――。これはとても重要なキーワードです。

最後に、「ガンダム豆腐」で有名な「相模屋食料」の「本命」は、ガンダム豆腐を販売することではありません。

「えっ！　あんなに話題になったのに？」

はい、違います。

流行った商品は、いつか廃れていきます。廃れることがわかっていて、その商品に頼ることほど怖いことはありません。

確かに相模屋食料は、ガンダム豆腐を販売してすさまじく年商規模が大きくなりました。ですが、ガンダム豆腐が流行っていた頃から、ガンダム豆腐の生産量はセーブしていたのです。

流行っているガンダム豆腐を店頭に置きたいスーパーは山ほどあります。その時に相模屋食料は「他の豆腐や油揚げ、厚揚げをスーパーに置いてもらえたら卸します」

と交渉をしてスーパーの棚を取っていったのでしょう。まさしくガンダム豆腐が「おとり」で「本命」はスーパーの棚だったといえます。

このようにジョウゴの法則をしっかり理解して成功している企業やお店は、世の中にたくさん存在しています。読者の皆さんも諦めず、じっくり「おとり↓リピート↓本命」を構築してみてください。

第3章

すぐに売上アップできる前倒しの法則

すぐイチ

ビジネスモデル塾の塾生の中には美容室の経営者がたくさんいらっしゃいます。「会員ビジネス化、ストックビジネス化に変えていきましょう」と言うとみなさん頭を悩ませますが、素晴らしい事例がいくつも生まれているのです。さあ、業績が下がっていく一方の美容室を、桜子はどのようにV字回復へと導くのでしょうか。

―2店舗ある美容室の場合―

最終便で羽田空港についた桜子は、すぐさまタクシーに乗り込んだ。

「芝公園まで」

と告げると、ふぅと自然とため息がこぼれた。

朝一番の飛行機に乗って札幌に到着し、講演会とコンサルティングを済ませ、その足でまた東京に帰ってきたのだ。さすがに札幌の日帰りはきついなと思いながらも、どうしても帰ってこなければならない理由が、桜子にはあった。

スマホのバイブ音に気づきメールを開く。

「桜子さん、明日はよろしくお願いしますね！」

というメッセージに「かしこまりました」とだけ返信をし、ふたたびスマホを鞄に戻した。メールの相手は健一だ。あの日以来、頻繁に桜子にメールを送ってきている。

一時期は電話攻撃もすごかった。

「電話は出られないことが多いので、用がある時はメールだと助かります」

そう告げると、今度はメールがたびたび届くようになったのだ。「店の近くにできたバーに一緒に行こう」とか、「オフィスの近くに来たから、ご飯でも一緒にどうか？」とか、桜子にとってはまったくもって興味のない誘いばかりで、受信拒否したい気持ちにも駆られもしたが、健一もクライアントの一人である。ごくたまに「月商が目標金額を上回りました」とか「こんなサービスを始めようと思うのですが、どうでしょうか」といった連絡がくるのでむげにもできないのだ。

そうこうしているうちに1週間前、健一からきたメールは、

「桜子さんにコンサルをお願いしたい会社があるんです」

だった。敏腕コンサルタントとして全国を飛び回っている桜子の予定がすぐに空くわけがないのだが、今回の出張は翌日を1日オフにして札幌に宿泊しようと思っていたので、明日は完全にフリーだったのだ。「せっかく休みにしたのだから仕事を入れない」なんて選択を、桜子がとるわけがない。

健一が紹介しようとしている会社は、埼玉県の大宮で美容室を経営している。2号店を出店したところ、一気に売上が下がってしまったという。

「よくある話だわ……」

桜子はタクシーの窓に頭を預け、しばらく目をつむった。車の揺れが心地いい。

ビジネスが大好きで、読んできた本は数知れない。そして、何より現場が好きなのだ。

経営者と直接話をし、店舗に出向き、みんなを巻き込んで仕組みを変えていく。それが成功した時の喜びは何物にも代えがたい——。その瞬間が忘れられなくて、桜子はコンサルタントを続けているのかもしれない。

「お客さん、着きましたよ」

「ありがとうございます」

タクシーの運転手の声に慌てて目をあける。知らず知らずのうちに眠ってしまったのだろう。車を降りて、大きく伸びをする。

「よし、今日はもうひとがんばり」

そうつぶやくと、桜子は一人オフィスへと足を速めた。明日の相談が少しでもスムーズにいくように、今晩中に資料に目を通しておくためだった。

新しい客が増えずに、上手くいかない！

「桜子さん！　こっちです、こっち！」

翌朝、大宮駅に到着すると健一がうれしそうに手を振ってきた。まるで主人との散歩を喜び、しっぽをぶんぶん振る犬のようだ。

革のジャケットを羽織り、足元はストレートジーンズとワークブーツをあわせている。スーツ姿の時も若く見えたが、私服だとなおさら実年齢より下に見える。

「おはようございます。時間がもったいないからタクシーで行きましょう」

タクシーに乗りこむと、桜子はすぐにＴＲＡＮＳの資料を取り出した。

「さすが、店のこと調べて来られたんですね。いやぁ〜すごいなあ。さすがだなあ、桜子さんは。僕が教えようと思ったのになあ」

健一の浮ついた様子に、桜子はわざとビジネスライクな口調を心がける。

「オーナーの前田友樹さん、若くして店を立ち上げて、すぐに人気店になったんですってね。才能と技術を持っている上に、相当な努力をされたんでしょうね」

「そうなんですよ！　実は俺の幼馴染なんです」

桜子はまるで自分のことのように誇らしげに笑う健一に、思わず頬が緩む。

「それなのに、３年前に2店舗目のＳＰＡＲＫを開店した途端、業績が悪化している、と」

「はい。もともとＴＲＡＮＳには友樹のほかにもう一人、めちゃめちゃ人気の美容師がいたんです。でもそいつが『独立する』って言い出して。それで友樹が『ちょうど2店舗目を考えていたところだし、そこの店長をやってみないか』って声をかけたんですよ。でも、いざＳＰＡＲＫがオープンすると、思ったより人気が出なかったみたいなんです。2人で店に立っていた時の勢いがなくなっちゃったみたいで。それで今回桜子さんに……」

「なるほどね。これで、だいたいわかりました」

突然の売上低迷には、いつだって理由がある。

だとすれば、お客様が減ってしまった最大の原因は店舗に隠されているはずである。

それを今日見つけ出さねば——。桜子は、胸の内から湧き上がる言いようのない興奮を感じていた。「ビジネスオタク」の血が騒ぐ。アドレナリンが出ているのが自分でもわかった。

「前倒しの法則」でお客様の来店頻度をあげる

「あ、ここです」

健一の声に、桜子は顔をあげた。大通りに面したレンガ造りの2階建てのビルはガラス張りで、中の様子がよく見える。そこそこお客様は入っているようだ。タクシーを降り、2人は店の前に立った。

「いらっしゃいませ！」

重厚な扉を開くと受付の若い女性スタッフが元気の良い挨拶で出迎えてくれた。専門学校を卒業後、すぐに入社したのだろう、まだあどけなさが残っている。おそらく閉店後は遅くまで特訓をしているのか、手はパーマやカラーの薬剤で荒れていた。

「あっ、波葉さん、こんにちは」

健一に気がつくとニコリと微笑みかける。対応も、そんなに悪くない。

「やあ。友樹、手あいてるかな」

「オーナーですね。少々お待ちください」

受付の女性は、すぐさまインカムでオーナーに呼びかけた。桜子は店舗を見渡す。セット面は10面、シャンプー台は5台。スタッフの人数は5名。2階はほぼ使われていないようだが、ホームページの情報によるとVIPルームになっているらしい。「セット面、シャンプー台の数から考えると、人員不足のようね……」と桜子は思った。

「お待たせしました。2階におあがりください」

桜子と健一はそのVIPルームへ通された。ドア同様に重厚感のある革張りのエンジ色のソファとガラステーブルが置かれたフロアには、1階とは違い、さらにゆったりとしたセット面が1人分あるだけだ。照明のシャンデリアはアンティークだろうか。

オーナーの趣味なのだろう。

「ここ、1人分しかカットスペースないのね」

「俺、たまに来る時はここで切ってもらってるんですよ」

「あらそう」

桜子は吹き抜けになった1階の様子を見おろしていた。予約電話が、けっこうな頻度でかかってきている。対応しているのは先ほど受付にいた若い女性スタッフだ。

「なるほどね……」

桜子は若いスタッフが応対している電話の内容をひと通り聞き終えた後、頬にかかる髪をゆっくりと耳にかけながら何やら考え事をしていた。

「桜子さん？　どうしました？」

「いいえ、何でもないわ。ここって、いつもあの子が受付をしているのかしら」

「あー。そうですね、あの子だけってわけじゃないんですけど、入社したての見習いの子がやることがほとんどですね」

「やっぱりねぇ……」

「やっぱり？　それがどうかしました？」

「ただの独り言よ」

「そんなー、何か思いついたんですよね？　ね？」

まとわりついてくる健一を軽くあしらい、桜子がソファに腰をかけようとした時だった。

「こんにちは。オーナーの前田です」

１８０㎝はあろうすらりとした長身の男性が現れた。前田友樹だ。タイトなスキニージーンズにスニーカー、Tシャツといったラフないでたちだが、アクセントに取り入れたシルバーアクセサリーのチョイスからセンスの良さと高級志向が伺える。パーマのかかった髪は念入りにセットされ、頭の先からつま先まで抜かりない。

「よう」

友樹は健一に対して右手を軽くあげた後で、

「健ちゃん、そろそろイメチェンする時期じゃない？　予約いれとくよ」

と、気軽に話しかけた。

「いやぁ、実は俺も友樹みたいなパーマかけたいんだよなあ。でも、パートのおばちゃんたちがうるさくって。あの人たち、俺のことずっと子どもだと思ってんだから」

「いいじゃない。可愛がってくれる人がいるうちが花でしょ」

「まあ、そう言うけどさあ」

突然始まる世間話。桜子は健一の隣で立ったまま、座るタイミングを完全に失っていた。

「あ、こちら、この前話した遠山桜子さん」

その様子にようやく気がついたのか、健一が慌てて桜子を紹介した。

「こんにちは。コンサルタントの遠山桜子と申します」

深々とおじぎをする。

「ども」

友樹はそれだけ言うと、客を促すより先にソファにぶっきらぼうに腰かけた。不穏な空気を感じつつも、桜子はシルクのワンピースがシワにならないよう、ゆっくりとソファに座る。健一は何が楽しいのか、ずっとニコニコしたままだ。

「この前話した、かなりの凄腕の桜子さんだぞ！　このお方のおかげで、うちのナミハ電気は廃業の危機から救われたんだから！」

「ふーん」

健一の話にさっきまではノリノリで応じていた友樹だったが、さも興味なさそうな様子で桜子をちらりと見たあとは退屈そうに指先をいじっていた。

「前田さん、先ほどからサロンの中を見ていて気づいたことがあるんですが」

桜子がそう切り出した時だった。

「僕、別に何も頼んでないんですよね」

友樹が不機嫌そうに言い放った。

「はっ？」

「ちょっ、友樹……」

桜子と健一は同時に戸惑いの声をあげた。

「どういうことです？」

桜子が尋ねる。

「いや、健ちゃ……波葉君と飲みに行った時に、最近すごく会社の調子がいいって言うんで、何かあったのか聞いたんですよ。そしたら遠山さん？　の名前があがって……。うちもいざという時は助けてもらおうかなーって、冗談で言っただけです」

「おい友樹、冗談だなんて！　前から言ってただろう、売上が落ちてきてるって」

「言ったは言ったけど、別にコンサル雇うほど深刻じゃないっていうか」

「いや、TRANSは以前より確実に人気が落ちてきてるって！　オープンからずっと見てきた俺が言うんだから間違いない！　桜子さんの実力、本当にすごいんだよ。絶対お願いしたほうがいいって！」

「だからうちは必要ないんだってば」

目の前で繰り広げられる男同士の言い争いに、桜子はしびれを切らして立ち上がった。

「私は望んでいない人に指導するつもりはありません」

「桜子さん、待ってくださいよ」

健一がどさくさに紛れて握ろうとした手をかわし、手すりから1階を見おろす。

「ただね、ひとつだけどうしても気になったことがあるから言わせてもらいます」

「……どーぞ」

友樹は依然として不機嫌そうだ。これがいい年した男のとる態度なのかと心底あきれながらも、同情をする気持ちも少なからずあった。

たいていの経営者は、自分の会社がピンチであることを認めたがらないものである。

認めて現実と向き合うのが怖いのだ。今までにもこういうケースはあった。しかし、簡単に見捨てられないのがビジネスオタクとしての桜子の性だ。

「受付の電話なんですけどね」

「電話?」

「さっきひと通り予約を受け付ける電話の内容を聞いていたんですが、なぜ予約を後にまわすのでしょう」

「どういう意味ですか?」

「あの受付の女の子はさっき『その日はあいにく予約で埋まっております。4日後の15日でしたら空いております』って電話で言っていましたよ」

「それのどこが悪いんですか。空いていないんだから仕方ないじゃないですか」

友樹の語気が強くなる。

「そ、そうですよ、桜子さん」

オロオロしながら健一が後に続く。桜子は友樹を真っ直ぐに見る。

「業績が落ちているのは、2店舗目の出店で客数が減って、空いた分の時間を思うように埋められていないからですよね。新規客の獲得は大変ですから。違いますか」

友樹が咳払いをする。桜子はそれを「YES」の意味ととった。

「新規客を確実に獲得する方法はいくつもありますが、その努力をする前に、もっと簡単に売上をあげる方法があります。それが予約の前倒しです」

「前倒し？」

健一と友樹の声が偶然にもぴったりと合う。

「どうして前倒しにしないんですか。4日後じゃなくて『4日前なら空いてます』って言えばいいじゃないですか。美容室は予約が命でしょう」

桜子の言葉に、友樹はフッと鼻で笑った。

「そんなことしたら押しつけみたいじゃないっすか」

「それは思い込みです」

「は？」

「『そうしないほうがいい』という勝手な思い込みです。なぜなら、お客様は早く髪型を変えたいから予約をしてくるのに、後回しにするのは本当は不親切ではないでしょうか？」

「た、確かに……」

黙ったまま桜子を見あげる友樹の代わりに、健一がうなずいた。

「そもそも、大切な予約を受け付けるところに新人を配置するのも大きな間違いです」

「でも、僕らは施術をしないといけないんですから、電話をとってる余裕なんかありませんよ」

「だから、その考え方が間違いなんです」

さっきまで静かに話していた桜子の声が強まる。その迫力に、2人は押し黙るしかなかった。

「美容師さんは一人前になったらそうやってお客様の頭しか見なくなってしまうんです。もっと全体を見回して、本当にお客様が喜ぶことをしないと」

「……まぁ、そうですね」

さっきまで桜子に対して挑戦的な態度だった友樹が、腕を組み、しばらく考えたあとで小さくうなずいた。

「ここ、月商は大体300万くらいですか」

「え？　あ、はぁ……」

なんでわかるんだという顔で桜子を見る。健一は、ただただ桜子の横顔をうっとりと眺めていた。

「そうすると年商は3600万ってとこですね。大体、月にお客様が375人いらっしゃるとして、この方々が年にあと1回多く来てくれるだけで、年間で375人の客数増になる。客単価が8000円だとして、300万円、ひと月分、の売上が上がって、年商3900万。どう？」

「計算は合ってるけど、その『あと1回来てもらう』ための仕組みがよくわかりません……」

「だから、予約を前倒しするんですよ。前倒しすればするほど、来店頻度があがるでしょう **（↓解説❶184ページ）**」

「なるほど！」

健一がひらめいたと言わんばかりに立ち上がった。

「たとえば、帰る前に『次回は1カ月半後に来店したら今のヘアスタイルが持続できます』といった感じで次の来店予約をとるっていうのはどうだ、友樹？　そしたら、さらに来店頻度があがると思う。そのためには、やっぱり受付にも話術に長けたベテランのスタッフを置いたほうがいいのかもしれないぞ！」

と、続けた。

桜子は、驚いた。次に自分が言おうと思っていた戦略を、あの健一が話したからだ。もしかしたら、自分が知らないだけで健一はビジネスの仕組みを勉強していたのかもしれない。

「波葉さんの言う通りです、前田さん。もし2店舗目のSPARKも同じようにできれば、年商1億円にするのなんて簡単でしょう」

桜子はコホン、と咳払いをしてから友樹の目をしっかりと見据えて言った。友樹はまるでとらえられた獲物のように、その場から動けないでいる。

「友樹！　これなら絶対できるって！　さっそくやろう！　な！」

健一は友樹が座ったソファの横に行き、肩をバシバシと叩いた。

「た、確かに今言った通りになるならいいですけど、そううまくもいかないんじゃないですか？　本当に、来店頻度が上がるかどうか……」

「納得できないのであれば、やらないまでです」

桜子は友樹の言葉にかぶせるように冷静に言い放った。

友樹はアゴに手をあてて、しばらく黙った。

「私はこのへんで失礼します」

桜子は爽やかに微笑んで、階段へと向かった。

「さ、桜子さん待ってくださいよ」

友樹を気にしつつ、健一も慌ててそれに続こうとしたが、それを止めたのは友樹だった。

「待ってください」

「友樹……?」

「さっきは生意気を言ってすみませんでした。僕は、経営者として、1人の美容師として、スタッフもお客様も大切にしたいんです。だから、どうかお願いします。もう少し、話を聞かせていただけませんか」

桜子が振り返ると、ソファの横に立ち、深々とお辞儀をしている友樹がいた。顔をあげたその表情は、さっきとはうって変わってキリリとしている。

「御自身の考えを変える気が、あるんですね」

桜子は友樹の前まで行くと、にっこりと微笑んだ。

「はい」

力強い返事に、健一までたちまち笑顔になる。

「よし！　じゃあさっそく、何から話します？　ね！　ね！」

助手にでもなったつもりなのか、腕をまくって、やたらとヤル気をアピールしている。桜子はちらりと横目で健一を見て、そっとソファに座りなおした。

お客様の美意識を高めてストックビジネスに⁉

「前田さん、2店舗目ができてからTRANSの売上が落ちたとおっしゃっていましたよね」

「そうです」

「原因は何だと思いますか」

「うーん。単純に考えたら、お客様とスタッフが分散してしまったこと、ですかね」

「私もそう思います。これまで1店舗に集中していたお客様が、店舗が2つになったことでザックリ言ってしまえば半分になってしまったんです。2人のカリスマがいて、店ではなくそれぞれにお客様がついていたわけですよね」

「ええ。出店したのも1号店に近い場所だったし……。やっぱり2店舗目を出したのは失敗だったんでしょうか……」

友樹はがっくりと肩を落とした。健一は不安そうな顔で桜子を見る。

「確かにそうかもしれません。ですが、このTRANSも2号店も、それぞれが継続的に訪れるお客様を作ればいいだけですから」

「簡単に言いますけど、それができないから悩んでるんですよね……。何度か値引き作戦もしてみたんですが、一時的にその時は良くてもなかなかリピーターに繋がらなくて」

「前田さん、それは値引きで集客したお客様だからですよ。そもそも売上って何かおわかりですか？」

桜子の問いかけに友樹は「変な質問をするなあ」といった感じで答えた。

「え……。商品やサービスを売った時に手にする代金じゃないんですか」

「間違いではありません。覚えていて欲しいのは、売上は『単価×数量』ということです（→**解説❷190ページ**）。単価を落とせば、それに見合う数量を増やさなければいけません。単なる値引きは収益に大きな影響を及ぼします。簡単に言えば値引きはすごく危険です。だから私は、値引きをするなら単価を高くしてから値引くことをおすすめしているんです」

「あ、いったん値上げをする」

「そう、もちろん商品やサービスを付加して、質を高めたりする必要はありますけどね。値上げして、値引き。単純に思えるでしょ。でも、有効な方法なんです」

「なるほど……。それはよくわかりました。でも、もう遅いかもな。何と言うか、全てやりつくしたっていうか……」

再び友樹がうなだれた。

「本当に、全てやりつくしたんでしょうか」

「え……?」

「前田さん、ストックビジネスは知っていますか」

「ストックビジネス? なんか、聞いたことあります。確か健ちゃんがこの前居酒屋でえらそうに話していた……」

「ちょ! そのことは桜子さんには言わないでいいから!」

健一が慌てて友樹を制する姿に、桜子は思わずニコリとしてしまうが、すぐに唇を引き締める。

「美容室は比較的、常連客を作りやすい業態です。その意味ではストックビジネスの要素はあるのですが、毎回、予約の電話を待つのが一般的ですし、次は選ばれないかもしれません。その意味では1回きりの契約を続けている以上、フロービジネスの域を脱していない、と思うんです」

桜子は一気呵成に話を進める。

「美容室は顧客をカルテ化している程度で、たとえば毎月、会費を取っているような店は、ほとんど存在しないでしょう。でも、**美容室だって携帯電話の通信費のように継続的にお客様からお金をいただく会員ビジネスを作り出すことは可能なんですよ**」

（→解説❸194ページ）

「どういうことですか？」

「桜子さん、ストックビジネスは僕も言われてかなり勉強したつもりなんですが、美容室でやるのって難しいような……」

割って入った健一に、桜子は諭すように答える。

「それも思い込みです」

健一が首をすくめる。

「神奈川県に『モン・ステイル』という美容室があります。ここは、会員になって月額費を支払ったら、ヘアカラーはもちろんネイルやまつ毛エクステなどが通いたい放題なんです。コースは60分6800円から240分1万7800円までの3コースがあり、たとえば60分会員になったら1カ月60分以内なら何でもできるという具合です。もちろん施術には限度額が設定されているのでそれを越すと追加料金が発生します。それでも非会員の金額よりもお値打ちなんです」

「え？　そんなことしたら赤字じゃないっすか？」

友樹は訝しげに眉をひそめる。

「いいえ、そんなことありませんよ。美容室は、月初に売上ゼロからスタートして、月末にピークを迎えるのが通常ですよね」

「はい、うちもそうです」

「モン・ステイルの場合は会員が増えれば増えるほど月初から売上が見込めるんです。それに、女性は美しくなればなるほど自分の美意識が高まるものです。今度は別の施術にチャレンジしてみよう、という感じで会員の美容に対する感度が高まります」

図12　美容室のストックビジネス

会員制

60分会員	6,800円／月
120分会員	9,800円／月
240分会員	1万7,800円／月

↓

何回通ってもOK！　料金を支払えば追加もOK

【お客様】

お得な値段でできて嬉しい

まつ毛のエクステンションやネイルを試せる！

【お店：経営】

会員化して収益が安定

↓

料金を安くしても売上が見込める

「うーん、確かにお客様の美意識を高めることができるのは、美容師冥利に尽きますね」

友樹は腕組みをして考えだした。

「友樹、このVIPルームならまつ毛エクステとかネイルサロンをするくらいのスペースはあるんじゃないのか？　なんか俺、できそうな気がしてきた！」

「いや、やるのは健ちゃんじゃなくて俺だってば。うーん、でもうちはその神奈川のお店をまねることができたとして、2号店のSPARKはどうしたらいいんでしょう」

「簡単ですよ」

桜子はニッコリと笑った。

「TRANSのお客様の年齢層は若い人というより主婦層の方が多いと思いますが、いかがですか」

「そうですね。だいたい8割くらいですね」

「ね、だから、そのお客様たちのお子さんを美容室に通わせたらいいんですよ。TRANSは会員コースを作って母親を取り込み、SPARKはその母親の子どもを取り込む。さらに三世代で通えるように子どもやシニア専門の格安美容室にしちゃうの。

これでどうかしら」

「桜子さんが言うと簡単に聞こえるけど、実際やるとなるとどうなんだろうなあ」

健一のつぶやきに友樹が賛同した。

「そうですよ。っていうか言い方は悪いんですけど、現状のSPARKのスタッフに子どもの髪だけを切らせるのはもったいないっていうか……カラーもパーマも、いろんなことができるのにその腕を眠らせておくなんて」

「それも簡単に解決できます。SPARKのスタイリストには、受付にいる見習いの子たちやアシスタントを配置すればいいんですよ（**↓解説❹203ページ**）」

「は……？」

「前田さん、電話受付は新人さんに任せているということでしたよね」

「はい……」

「それでは見習いの子は、電話の対応ばかりでなかなかお客様の髪に触れられませんよね。それでは、若い人の育成が難しいのではないですか？ それに、なかなか現場で経験が積めないということで、若い人がすぐやめてしまう……というのが、美容業界で共通の悩みと聞いていますが」

「はい。でも自分も、3年間はほぼ下積みでしたからね。閉店後にひたすら練習をしてここまできました。それがうちらの常識です」

「本当にそうかしら」

「え？」

「球拾いばっかりやらされている野球部員は、すぐには成長しませんよね。私は、いち早くステージにあげることが成長への近道だと思っています。だから、そういった見習いの子、ジュニアスタイリストの子たちにはSPARKでお子さんの髪を実際に施術することで、技術を身につけて成長していってもらえばいいんです」

桜子の言葉に、さっきまで押し黙っていた健一が顔をあげた。

「あ！　そういえば近所の高校生の女の子が『おしゃれな美容室で髪を切ってもらいたい』って嘆いていました。でも母親は『子ども料金がない美容室ばかりだから、通わせるのがもったいない』って言ってました」

「なるほどなぁ……。子どもの願いも叶えられて母親も満足。社員育成にもつながる……そうかぁ」

友樹は再び腕組みをして天を仰いだ。「さ、ら、に」と桜子は2人に笑顔を向ける。

図13　中高生向けサロンの特徴

・施術者が慣れていない分、料金が安い
¥
・若い施術者が多いので、中学生、高校生と会話が弾む
♪

♪
・施術者はすぐに実践で技術を磨ける（社員育成に◎）

「SPARKに通い続けた子どもは、大きくなったらやがてTRANSのお客様になるんじゃないかしら」

「あ、本当だ!!」

友樹と健一は2人同時に声をあげた。

「あとはSPARKの店長をどう説得するかだけど、今の遠山さんの話をすれば納得してもらえる気がしてきた！」

友樹の顔はだいぶ晴れやかだ。決心がついた顔とでもいうべきか。

「ありがとうございます。ぜひ、これから一緒にがんばりましょう。ちょっと先の話ですが、3店舗目はTRANSにいらっしゃる奥さんのご主人を取

図14　美容室の「ジョウゴの法則」

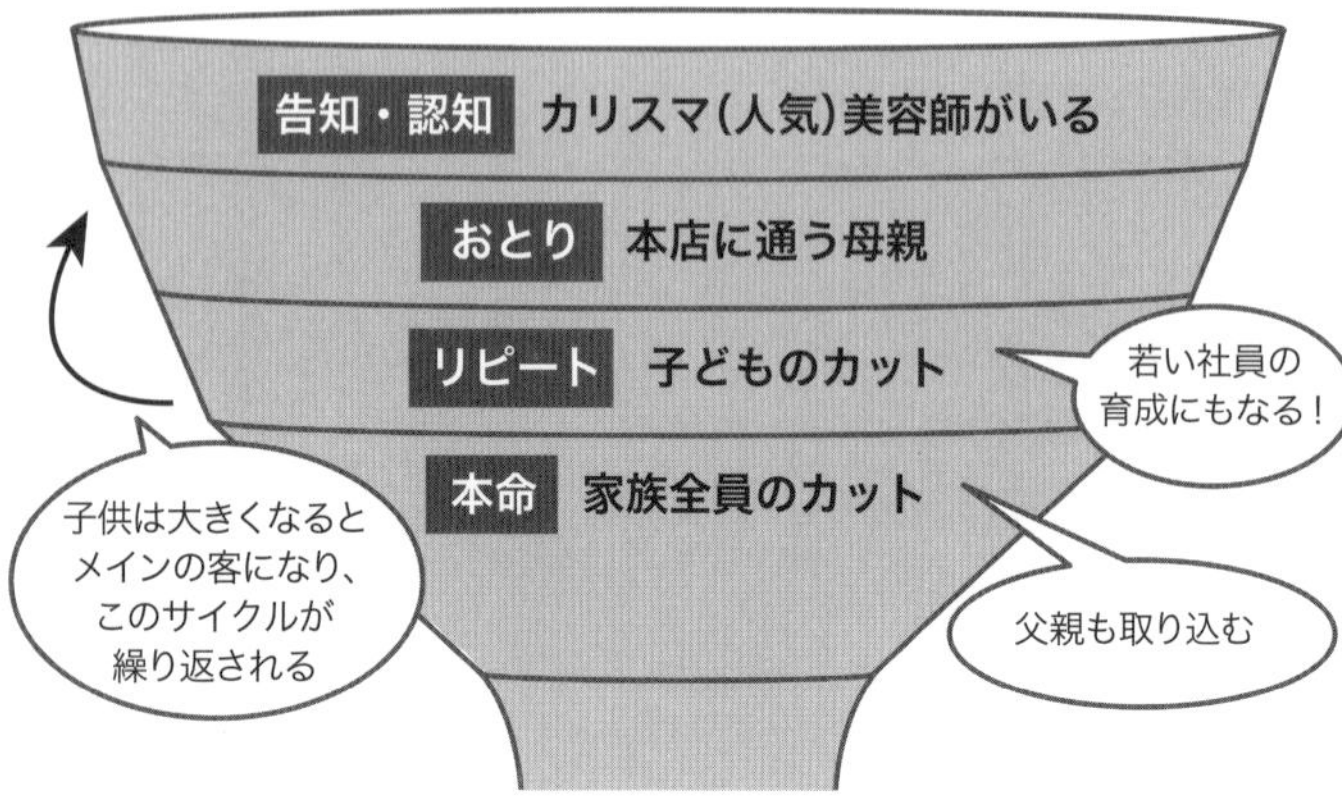

り込むための理容室にするというのも手です。これも『ジョウゴの法則』だと考えられます。本店が『おとり』となって、『本命』は家族全員ということになります」

「なるほど、面白い!」

健一が興奮した様子で声をあげる。打開策が見えてきて、桜子自身も高揚していた。ただ、友樹だけはきょとんとしている。

「ジョウゴ、ですか?」

「ええ。それに関しては、あなたのお隣にいるナミハ電気の社長が詳しく知っているはずだから、じっくり聞いてみてください」

桜子はいたずらっぽく笑って健一を見る。

「桜子さんってば、僕のことそこまで信用してくれてるんですね。友樹、任せとけ！

俺も桜子さんと一緒にTRANSを大きくしてやるからな！」

健一は拳で胸をドンと叩くと大げさなくらいにのけぞり、足を組んだ。

「もし健ちゃんのおかげで店の売上があがったら、その時はうんとサービスするから」

「まじ？　頼んだぞ！」

2人のやりとりを見ながら桜子は、

「本当、お調子者なんだから……」

と苦笑いを浮かべたのだった。

解説❶

簡単にできて売上がアップする前倒しの法則

桜子が友樹に言った「前倒しの法則」は、とても重要な法則です。

年商7200万円、月商600万円の美容室で、平均単価8000円、1カ月に750人のお客様が来店していたとします。

来店サイクルを調べると平均2カ月に1回でした。これを1カ月半に1回来店してもらうと、たった2週間早めるだけで、年商9600万円、月商800万円「年商2400万円アップ、月商200万円アップ」します。

計算上はいとも簡単に売上がアップしたので、読者の皆さんもびっくりされたことでしょう。ただ、次に思うのは、「全てのお客様を2週間縮めることはそんなに簡単なことではないでしょ」だったのではないでしょうか。

「では、1週間だったら、縮めることはできますか？」

実はこれは実際に美容室を経営するビジネスモデル塾の塾生さんに私が尋ねたこと

でした。

たとえばお客様から6月4日に予約を入れたいと電話があって、あいにくその日は満員だったとします。その時、これまで通り後ろに倒して6月8日とするのに対して、6月1日を提案すれば、これだけで1週間が簡単に縮まります。

これだけでも年商8400万円、月商700万円「年商1200万円アップ、月商100万円アップ」です。

私から言わせると美容室の受付は、受注センターです。その受注センターに仕組みも作らず、新人さんを配置したら大変なことになります。

「髪の毛を切りたい」「髪の毛を染めたい」と思って電話予約をしてくる女性が何日か早く来てほしいと言われ、躊躇するとは思えません。だって髪の毛を綺麗にしたくて、わざわざ電話をしてきているのですから。

前倒しに提案することが押し付けがましいと思ってしまうのは、錯覚です。逆にお客様が綺麗になる日を先伸ばしにしてどうするのですか、と私は言いたいです。そもそも美容室に来た時が綺麗のピークで、また次回の来店の頃は、どうにかしないとい

図15　前倒しの方法

来店頻度	8週間に1回 （2カ月）	7週間に1回	6週間に1回 （1カ月半）
平均単価	8,000円	8,000円	8,000円
月商	600万円	700万円	800万円
年商	7,200万円	8,400万円	9,600円
変更点		全てのお客様の 予約を1週間 前倒し	全てのお客様の 予約を2週間 前倒し
結果		月商/ 100万円アップ ⬇ 年商/ 1,200万円アップ	月商/ 200万円アップ ⬇ 年商/ 2,400万円アップ

⬇

前倒しするだけで
売上がアップする

けないタイミングです。つまり、早く綺麗にしてあげたほうがお客様のためなのです。常にお客様が綺麗でいられるようにするのは美容室の役割でもあるはずです。

これは実話なのですが、ビジネスモデル塾を受講された塾生さんのお店は「前倒しの法則」を使っただけではなく、次回来店の予約をその場でとるようになりました。

私とスタッフの皆さんの間でこういう会話があったからです。

「歯医者さんは、必ず次回の診療日を決めて帰ってくるわよね」

「はい」

「では、なぜあなたたちは、次回、サロンに来ていただく日を決めないの？　お客様にいつも綺麗でいていただくためにがんばっているのに」

「……確かにそうですが、お客様にもご予定がありますし、そんな先のこと決められるでしょうか」

「だったら、なぜ歯医者さんの予約は決められるの？　歯を綺麗な状態にしたい、痛い歯を治したい。ちゃんとニーズがあるからじゃない？　美容室も同じよね。いつも綺麗でいたい。しっかりしたニーズがあるわよね？」

「確かに……」

次回来店の予約を取ることは、お客様に迷惑だとお店側が錯覚をしていただけだったのです。

それから、この塾生さんのお店は、スタイリストが

「○○さんは、髪の毛の伸びるサイクルを考えると最低でも1カ月半に1回はカラーをしてカットしないとプリンみたいになってしまいますから、次のご来店の予約を入れて行ってくださいね。自分がしっかり対応しますから。

○○さんの髪の毛のことは、僕が一番よくわかっていますから、僕に任せてくださ い。いつがよろしいですか？　○月○日はいかがですか？　○○さんのお好きなお茶菓子もご用意しておきますよ！」

と次回来店予約を取るようになりました。

接客に慣れているスタイリスト自身が対応することで、お客様も満足度がアップ、逆に間際になって予約を入れるよりも自分の希望の時間帯に来られるようになり、評判もいいそうです。

よく考えてみてください。食事の約束でも「いつか食事に行こうね！」と言っている人とは、なかなか食事に行けないものです。これが「食事に行こうよ。いつがいい？　○月○日はどう？　前から行きたいって言っていた○○レストランを予約しておくからさ」と言われれば、オーケーしてしまいますよね。

このように事前の予約の取り方にはテクニックがあるのです。予定は先に入れたもの勝ちです。美容室でお茶菓子のコストがかかったとしても年商がこれだけアップするのであれば、やってみる価値があるとは思いませんか？

もちろん、これは**美容室に限らず全ての業種に言えることです。**建築の打ち合わせでも宴会の予約でも、商談日もです。全て前倒しにできないか、考えてみてください。見違えるような結果が出るはずです。

解説②

すぐイチを実現する「売上」とは何か？

本編中にもありましたが、再度ここで質問です。

「売上とは何ですか？」

あらためて聞かれると、意外と答えるのが難しいものですよね。友樹のように「商品やサービスを売った時に手にする代金」なんていう返答が返ってきそうです。

確かにその通りなのですが、もっと明確に表現するのであれば、第1章でも触れているこの公式が一番わかりやすいと思います。

売上＝単価×数量

同じ売上であれば、単価が高ければ数量は少なくて済みます。反対に数量が多ければ、単価が低くてもいいわけです。

ちなみに、**あなたの会社の戦略は「高単価戦略」でしょうか。それとも「数量アップ戦略」でしょうか。**わかりやすく事例でご説明します。

まずは「高単価戦略」。

日本一高いクッキーを販売しているのは、日本で初めての洋菓子専門店といわれている「村上開新堂」です。0号缶から5号缶までのサイズがあるのですが、一番大きな5号缶で、何と2万6000円（1950g）もします。

村上開新堂のサイトを見るとわかるのですが、何と一見《いちげん》さんお断り。ご紹介制度を設けています。

「えっ？　まさか紹介者がいないとクッキー買えないの？」

その、まさかなのです。とにかく希少性を打ち出しています。

そして、このクッキーがさらにすごいのは、ヤフーオークションで個人の間で売買されていること。それも定価よりも高い価格で、です。「定価よりも高くていいから食べてみたい」という人が多くいるのです。

私も以前、何度か知人からいただいたのですが、なんとも素朴なお味で、下手したら牛肉よりも高い価格のクッキーだなと思って食べたものです（笑）。

このように高額なモノは、あえて「なかなか買えない」という点を前面に打ち出したほうが話題になります。

日光の造り酒屋「片山酒造」も単価が高い商品だけに絞り込んで大成功しています。片山酒造は某大手酒造メーカーのようにオートメーションで酒を作るのではなく、昔ながらの佐瀬式という手法で作っています。

佐瀬式とは杜氏が手作業でもろみをひとつひとつ丹念に作り込んでいく昔ながらの作り方。企業理念も喜醸一雫《きじょういちだ》（一雫一雫《いってきいってき》に喜びを醸《かも》し出す）という素晴らしい思想で物作りをされている企業です。

片山社長は、ビジネスモデル塾の塾生さんですが、塾に来られた当初は、一升瓶も販売されていました。何せ手作りですから、たくさんの日本酒は作れません。

私は「そんなに手塩にかけて作っているのであれば、安売りをしてはいけません」と話しました。「もっと高くしなくては」と。

今では、一升瓶の販売は基本的にせず、通販、そして酒蔵見学に訪れるお客様に720ミリリットル入りの素敵なレトロ風の瓶で販売されています。日本酒を飲まない女性が、瓶がとても素敵と買って帰られるそうです。

それだけではありません。原酒ということでアルコール度が高いのですが、ロックや水割りで飲むことをお勧めし、日光の美味しい湧き水をお客様に無料で提供しています。新しい日本酒の飲み方まで提案しているのです。


「数量アップ戦略」で成功しているのは、全国に「タコとハイボール」を展開している「かめや」の亀原和成社長です。亀原社長もビジネスモデル塾の塾生さんです。

お店は立ち食いで、たこ焼きとハイボールがメインメニュー。家に帰る電車に乗る前に、小腹を満たしたい層がターゲットです。

たこ焼き一皿とハイボール2杯で、滞店時間30分のサイクルでお店は回っています。そしてお客様で超満員。私も行ってみましたが、本当に小さなお店で、常連さんが手分けしてお店のスタッフの手伝いをしていました。

初めて行った私は要領がわからず、まごまごしていたら、「ここで注文するんだ」とか、「ここに腰掛けなよ」と、少ししかないイスをすすめてくれるなど、お客様たちが親切にかまってくれました（笑）。

30分で1500円の客単価なのですが、2時間に換算すると、6000円の客単価になります。最近では居酒屋業態も競争が激しく、宴会で6000円の客単価を取ることが難しくなってきています。そういう意味では、「タコとハイボール」は、数量アップの戦略と言えます。

解説❸

美容室でもストックビジネスは作れる！

美容室ではストックビジネスは難しい……と思いがちですが、本当にそうでしょうか？

「お客様の髪の毛が伸びればカットに来るのが当たり前」と思い込んでいる美容師が多く、お客様をストック化しなくてもいいと思考をストップさせているだけかもしれません。

フリーペーパーやネットから様々な情報を簡単に入手し、車や公共機関を使い、自由に遠方の気に入った美容室へ行けるようになった現代では、顧客の囲い込みは必須となりました。昔のように近所の美容室に通い続けるという消費行動は、ほぼありえないと言っていいでしょう。美容室の数も増え、今ではコンビニよりも多いと言われ、それだけ競争が激しいといえます。

また、流行っている美容室を見つけて、近隣に激安店を出店して徐々にお客様をとっていくという美容室も現れました。「努力と根性で負けないぞ！」と踏ん張っていても希望日に予約が取れなかったお客様が激安店に流れ、「このクオリティでこの価格なら許せるわ」と流出してしまうこともあるのです。

「努力と根性」だけでは、ビジネスは成立しません。

逆にその想いがビジネスモデルを作る邪魔をしているかもしれません！　しっかりビジネスモデルを構築し、顧客を失わない仕組みを作りましょう。

桜子が例に出した、神奈川県にある「モン・ステイル」という美容室では、月額会員を募って、ヘアカラーやネイル、まつ毛エクステを通いたい放題でストック化していました。これは実際の県や店名は違いますが、美容室を経営しているビジネスモデル塾の塾生さんが実施しているビジネスモデルです。

ヘアカラーやネイル、まつ毛エクステの経験がある女性であれば、この会員制サロンがとても魅力的であることが理解できると思います。

なぜならば髪の毛や爪は伸びますし、まつ毛エクステは取れますから、継続的にサロンへ行かないと綺麗な状態が保てないのです。そして、会員価格でお値打ちにやってもらえるのであれば、他の施術も受けてみたいと思うものです。

こうして通っているうちに、まるでトレーニングジムで筋肉を鍛えるのと同じく、このサロンで美意識が鍛えられるのです。筋肉もムキムキになればなるほどさらに鍛えたくなるものですよね（笑）。

この会員制サロンは、1カ月60分6800円、120分9800円、240分1万7800円と3つのコースが用意されています。その時間以内であれば、どんな施術でも受けることができるのです。限度を越すと会員価格で他の施術が受けられるので、とてもお値打ちなのです。

さらにこの会員になっていると美容室の特典も受けられる仕組みになっているので、

結果的に美容室に足を運んでもらえるという結果になるのです。

高くして安くすることが値引きの鉄則

「でもこれって、結局値引きしているから、儲からないんじゃない？」

という疑問が生まれると思いますが、最初の価格設定を少し高めにしておくことと他の施術をうまく追加してもらうようにすれば、売上をアップさせることができます。

逆にストック化できていなければ悲惨です。月初が売上ゼロからスタートし、月末にピークを迎え、また翌月は、ゼロからスタート……と、毎月毎月売上を作ることは本当に大変です。ですからその負のスパイラルから脱出するために、ストック化はとても有効なのです。

もう一歩先に進んで「さらに本命に繋げて収益性を高められないか」を考えてもいいかもしれません。

「えっ？　他にも本命商品があるの？」

と、驚きましたか？　もちろんあります。ストック売上（会員）だけでも「本命」と言えるでしょうが、このサロンでは、さらに「脱毛会員」を用意しているのです。それは、いわゆるトッピング販売（追加販売）をしています。

髪の毛は、美容室。ネイルは、ネイルサロン。エクステは、エクステサロン。脱毛は、脱毛サロン――。このように、女性は美しさを保つために様々なサロンへ出向いています。いくら自分のためとはいえ、複数の店をまわるのは楽なことではありません。

ところがここでは、ひとつのサロンで全てが叶うのです。まさに夢のようなサロンと言ってもいいでしょう。

ネイルとまつ毛エクステを同時施術をすることで時間短縮ができるという点もウリとなっています。

店側にとっては本命の脱毛は資格を必要としませんし（いずれは資格が必要になる時がくるかもしれませんが）、技術も機械次第なので、採用・教育が美容師に比べて比較的楽にできることも利点です。本命の脱毛を前面に持ってくると完全に大手との真っ向勝負になってしまいますが、会員で囲い込んだ後に脱毛会員を募っていくことで、それを回避することができます。

また、美容商材の物販なども継続して購入してもらえるようなものを提供すれば収益に繋がります。美容商材の業者さんに協力してもらい、サンプルを自由に使ってもらえるようなコーナーを作り、気に入ったら会員価格で購入できるようにしてもいいでしょう。

「ジョウゴの法則」の図で表すと、おとり商品が「体験月額6800円が今なら半額！」、リピート商品は「月額会員」、本命商品は「脱毛会員」となります。

美容室がキッズモデルを募集

他の美容室経営者には、こんなビジネスモデルを構築している方がいます。

おしゃれに興味が出始めた子どもたちの「モデルになりたい！」という夢を実現するために「キッズモデル募集」と広告を出し、夏休みに大イベントを立ち上げたのです。なんと集まった子どもたちは数100人にものぼったと言います。

選ばれた子どもたちには、美容室の各種イベントを手伝ってもらうほか、チラシなどの広告にモデルとして出演をしてもらいました。

また職業体験のイベントでは、子どもたちにネイルや髪の毛のセットを実際に体験してもらうことで美容師の仕事を肌で感じてもらいました。子どもにはとても好評だったそうです。

最近では、美容師の仕事は花形というよりは「辛くて厳しい」と思われてしまい、すっかり不人気な職業になっているそうです。しかし、本当にそうなのでしょうか。

「人を綺麗にすることはとても素敵で楽しい職業なのだということを子どもたちに知ってほしい」――このイベントには、そんなオーナーの想いが込められているのです。


そうして、こういった活動を地道に続けているうちに、参加者のお母さんたちからは、「こんな素晴らしい取り組みをしている美容室だから好きになって通うようになりました。私だけではなく、子どもも夫も通っています」という嬉しい声が聞こえるようになったそうです。

図16　美容室、それぞれの「ジョウゴの法則」

美容室Aのケース

美容室Bのケース

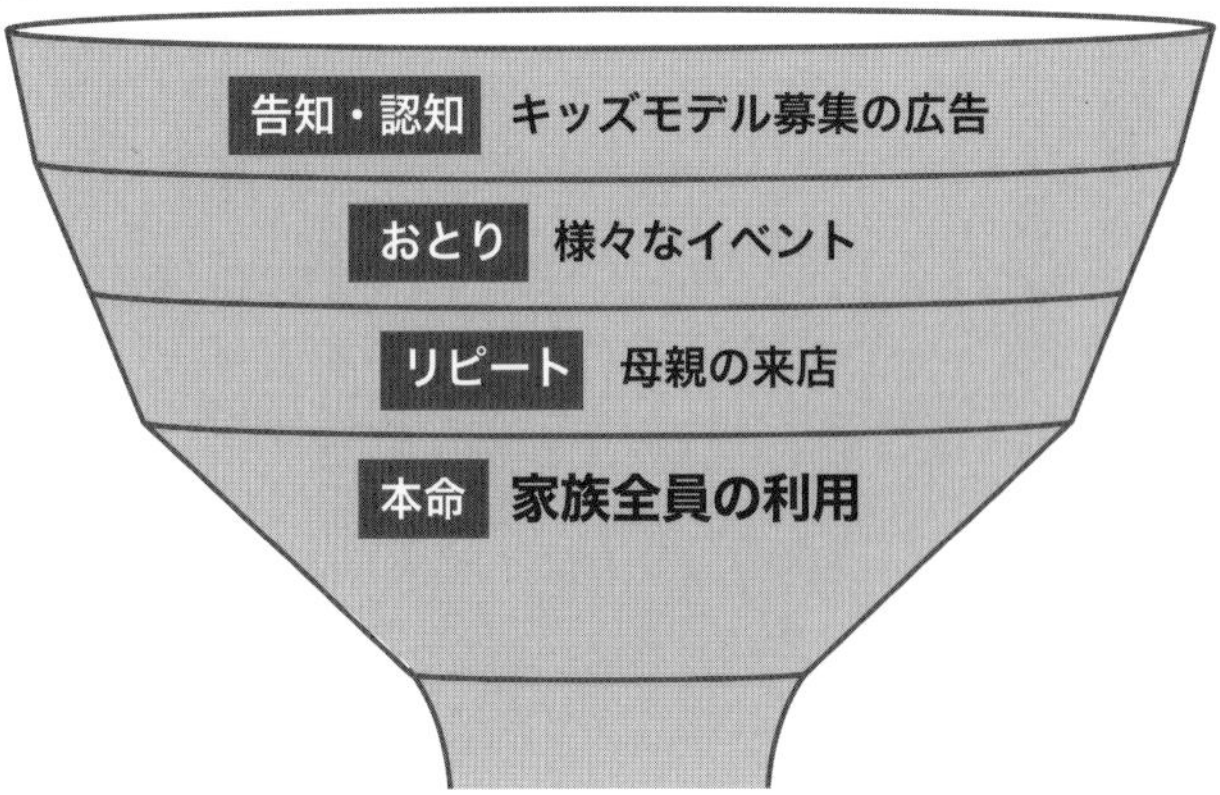

さらに、こうしたイベントは地元のメディアにも紹介され、地域、そしてお客様の家族を巻き込んでいったのです。

「ジョウゴの法則」に表すのであれば、「おとり商品・サービス」が「様々なイベント」で、「リピート商品・サービス」が「母親の来店」、「本命商品・サービス」が「家族全員の利用」です。

実は、この美容室では家族全員が来店してくれるように、しっかりと「家族割」の仕組みが作られています。

多額な広告宣伝費を使って新規の顧客を集客している店が多いなか、「もし、家族全員でグループの店を利用してくれるのならば、そのぶんの費用を還元します」と始めたサービスが大成功したのです。

解説④

若い力を活用せよ！

「最近の若い子は、修行中にすぐ諦めて辞めてしまう……」

と嘆く美容室の経営者が多くいます。

でも、見方を変えると、時代のスピードが速い現代に育った世代ですから、修行が退屈に思えても致し方ないのかもしれません。

なぜなら現代は、ネットで情報が簡単に収集できる世の中です。ひと世代前のように「若い者は経験が乏しく、世の中が見えない状態」ではありません。子どものうちから様々な疑似体験をしているので、容易に比較ができてしまいます。他に興味がそそられるものが溢れかえっているのです。

ですから、早い段階で活躍をさせてあげることが、企業において大切なことなのではないでしょうか。

第3章で桜子の提案した「ジュニアスタイリストだけの店」が良い例だと思います。

1人前のスタイリストになる前にどんどん場数を踏ませてあげる仕組みです。学生をターゲットにした店であれば、スタイリストは若いほうが話が合いますし、顧客も楽しいでしょう。さらに価格もジュニアスタイリストの値段で安いとなればリピーターになります。お客様が喜んでくれることで若い美容師も承認欲求が得られ、仕事にやり甲斐を持てることでしょう。

第4章

戦略なき企業は苦労する

すぐイチ

真似したビジネスはなぜうまくいかないのか？

ある唐揚げ屋さんの話です。オーナーはかなり勉強もしていましたし、情報通でもありました。

彼が目をつけたのが「俺のイタリアン」。一流シェフが調理をするのに価格は激安。原価率平均60％とコストパフォーマンス抜群、かつ立食メインで回転率をあげるスタイルです。このまったく新しい業態が東京で流行っていると聞き、彼は唐揚げの立食いの店を思いつきました。

「自慢の唐揚げと、粗利がとれるハイボールの組合せならば、間違いなく流行るし、儲かるはず！」

そう思ったのです。

徹底的に、と言えるかどうかはわかりませんが、彼なりに「俺のイタリアン」を真似て、駅に近い小さな店舗を借り、椅子を置かずに立食いにしました。自慢の唐揚げもお手本に倣って、とってもリーズナブルな値段設定にしました。

準備は万端。オープンすると、店は彼の予想通り、繁盛しました。

「俺って天才かも?」

自信があることは、いいことです。

しかし、です。

ほどなくして、お客様から「立って食べていると足が痛い。椅子に座りたい」という声があがりはじめました。彼は顧客満足第一主義ですから、すぐに椅子を購入し、座れる席を用意しました。

そうすると、椅子のある席ばかりが人気になり、立食い席に誰も寄り付かなくなりました。

困った彼は、「全て椅子を置いたほうがいいのだな」と判断し、立飲み席を無くしてしまったのです。立ち飲みがこの店のコンセプトだったのにもかかわらず、です。

そうしていると、ゆっくり座って食べているお客様から、ご飯が欲しいと要望がありました。

「それならば」とお米にこだわり、ご飯を出すようになりました。とっても美味しいご飯を食べているお客様から、今度は「定食にして欲しい」と要望が出ます。彼にしてみれば、料理人の腕の見せ所です。一所懸命、最高の定食を作るために商品開発をしてお客様に提供をしました。

結果、この店はどうなったと思いますか？

予想できますよね。

見事に客席が回転しない、満員の小さな定食屋さんになってしまったのです。ぎゅうぎゅう詰めの……。流行っているように見えても、売上があまり上がらない店に。

なぜ、こんなことになってしまったのでしょうか？

ここで、分析をしてみましょう。

まず、出店した場所が明らかに違いました。

「俺のイタリアン」は、仕事をして家に帰る「電車に乗る前の駅付近」に店を出しています。「家に帰る前に軽く飲みたいお客様」をターゲットにしているからです。

だからこそ、ふだん食べられない高級料理が並んでいても、お値打ちに気軽に食べたいのです。大切なのは「気軽に」です。

図17　そもそもビジネスモデルが違った

	唐揚げ屋 	俺のイタリアン 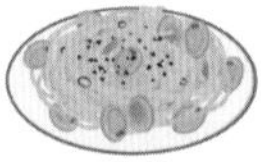
出店の場所	家に近い駅周辺	会社の近くの駅周辺
お客様の感情	ゆっくり飲みたい	気軽に飲みたい
滞在時間	長い(回転率が低い)	短い(回転率が高い)
	⇩	⇩
	単価が安く儲からない店	単価が安くても儲かる店

ゆっくり、じっくり、味わってというよりも「気軽に、安く、楽しく」です。

ところが、この唐揚げ屋のオーナーは、同じ駅でも仕事が終わり、電車に乗って降りた「家に近い駅」に出店してしまったのです。

この違い、わかりますか？　乗る駅と、降りる駅の違いが。同じ駅前という立地でも、両者はお客様の**〝感情ニーズ〟**がまったく異なります。

降りる駅では電車の時間を気にする必要もありませんから、逆に急いでいません。「ゆっくり食事したいな」という感情欲求になってしまうわけです。

店が狭いのに回転しないのは、致命的です。売上も上がりません。

しかも「俺のイタリアン」を真似て、自慢の唐揚げは安く提供しています。そもそも唐揚げは高級イタリアンに比べてはるかに安いのに、です。

粗利がとれるハイボールよりも原価がかかる美味しいご飯や手間のかかる定食の付け合せのほうが人気になってしまいました。

このケースから学んでほしいのは、**ビジネスモデルを十分に分析しないで、表面だけなぞっても、成功しないという事実**です。やはり試行錯誤しながらも、自分の手で、自社に合ったオリジナルのビジネスモデルを構築することが大切なのです。もうひとつ、ビジネスモデルを作る時に、このケースのように同業種に注目する人が多いのですが、それは大きな間違い。同業種をただ真似るだけでは、どこまで行っても二番煎じです。成功しているビジネスモデルを参考にするなら「異業種」のものを研究してみましょう。そこから、オリジナルのヒントが見つかることも多いのです。

ここで、おさらいです。

図18　売上を上げるには？

単価 × 数量＝売上

俺のイタリアン	単価（安い）× 客数（多い）＝売上（多い）
唐揚げ屋	単価（安い）× 客数（少ない）＝売上（少ない）

回転率が低い＝客数が少ない

売上を上げるには

①単価を高くする

②数量を多くする

③単価を高くする＋数量を多くする

この3つの方法しかない！

売上は、単価×数量です。

同じ売上を上げるならば、単価が高ければ数量は少なくて済みます。逆に、単価が安ければ、回転を速くして客数を増やすなどして、数量は多くしなければいけません。

この唐揚げ屋さんは、単価も安く、回転もしない店を作ってしまいました。

巷で流行っているからといって、見た目だけ真似してもだめ。「何が儲かっているか」ではなく**「なぜ、儲かっているか？」を徹底的に分析**し、しっかり**顧客の感情ニーズを掘り下げること**が、ビジネスモデルを作る基本なのです。

戦わずして勝つための戦略を考える

前述しましたが、**ビジネスモデルとはズバリ「儲けを生み出す仕組み」**です。儲からない企業は、キャッシュ（現金）が尽きていずれ存続できなくなります。中小企業は設立から10年で約30％がなくなり、20年ではさらにその半分がなくなると言われています。とても無残な結果です。

また、現在では、大企業さえも業績悪化や経営難に悩まされています。たくさんの社員を雇用している大企業が倒産したら、日本に多くの失業者があふれかえり大変なことになります。

仕事柄、様々な規模の企業から相談を受けますが、大企業でもビジネスモデルがないまま過剰投資をして、回収ができない事業部がたくさんあります（コンプライアンスの問題でどことは言えませんが）。

最大の問題は「池ぽちゃ経営」です。勘だけを頼りにやみくもに釣り針を池に投げ

図19　ビジネスモデルが必要な時代に！

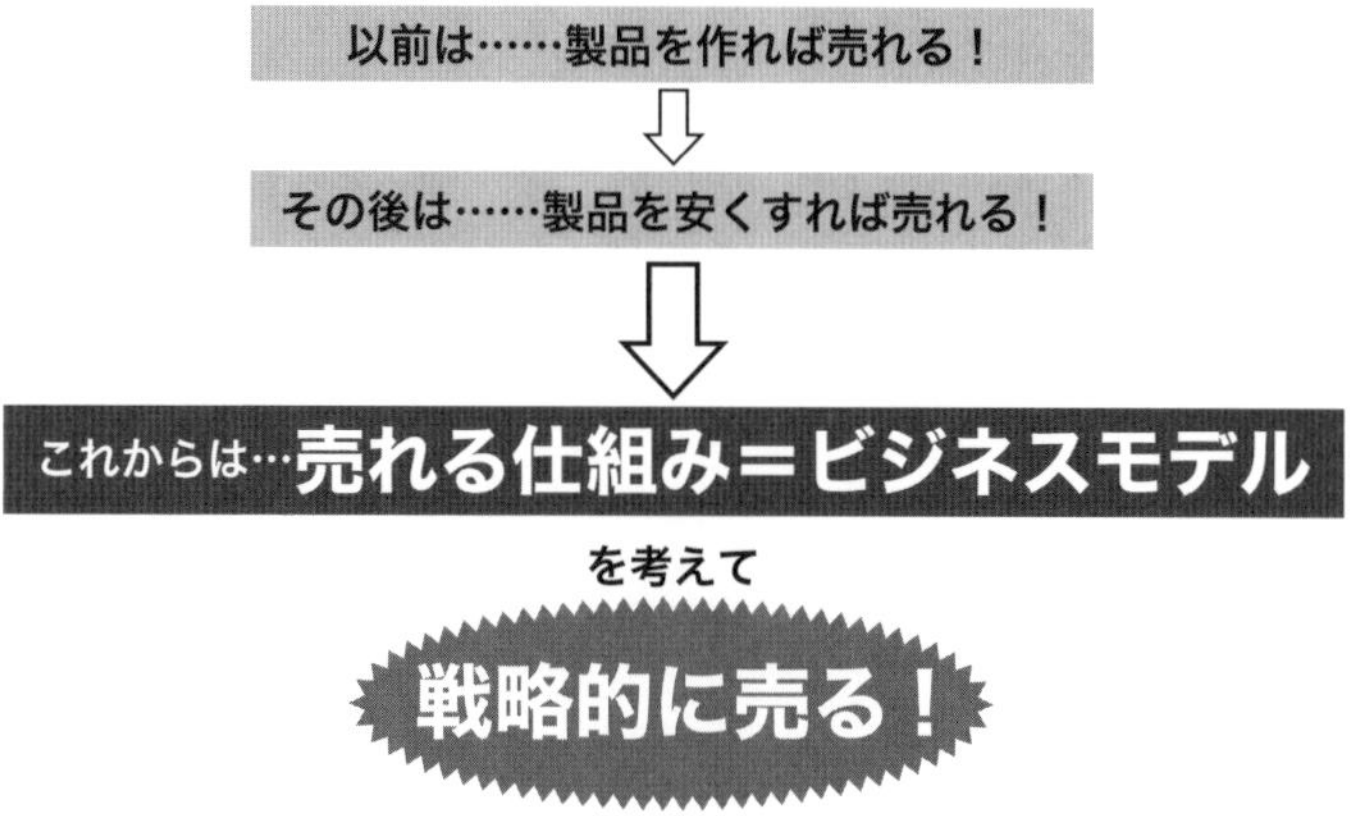
以前は……製品を作れば売れる！
その後は……製品を安くすれば売れる！
これからは…売れる仕組み＝ビジネスモデル
を考えて
戦略的に売る！

込んでも、魚が釣れるかどうかは運次第です。同様に、本当に収益が見込めるビジネスモデルかどうかを見極めず「儲かるかも？」という短絡的な考えで、あれをやってみたり、これをやってみたり……。

私から言わせると儲かるわけがありません。

「作れば売れる」「安くすれば売れる」時代は終わりました。

思いつきで釣り針を投げるのではなく、魚がいるであろうところを見定め、釣り竿を一点集中させる。これからの時代は、本当の意味で戦略が必要なのです。

本命商品とおとり商品を作る

前項ではまず儲かるビジネスモデルを考えて戦略的に売るということを述べました。しかしこの「戦略」というのは具体的になんでしょうか？　ここであなたの会社が儲かるために重要な質問をします。

御社の儲かる本命商品・本命サービスは何ですか？

「う〜ん。何だろう？」と首を傾げたあなた、それでは儲かるはずがありません！**企業は本当に収益の出る本命商品やサービスがあって初めて儲かる**のです。なければ、作らなければいけません。そのうえでそれらを売るために「おとりの商品・サービス」を決めるのです。

本編で何度も出てきましたが「おとり」とは、私たちが提案している儲けの仕組みの入り口です。

本命を売るために、まずは入口を用意する。それが「おとり」となって、やがて「本命」に行き着くのです。

図20　これが儲けの仕組み＝「ジョウゴ」の法則

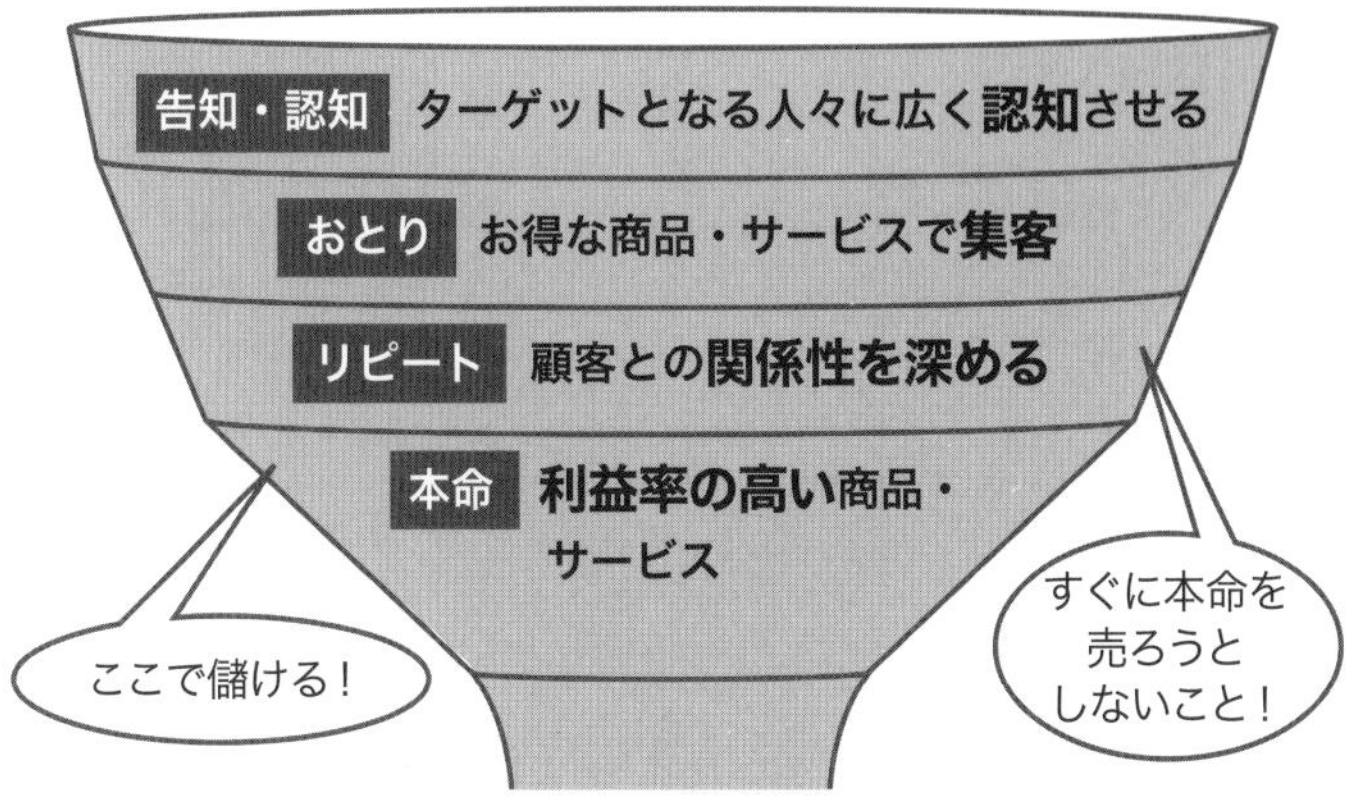

あなたの会社の「ジョウゴの法則」を考える

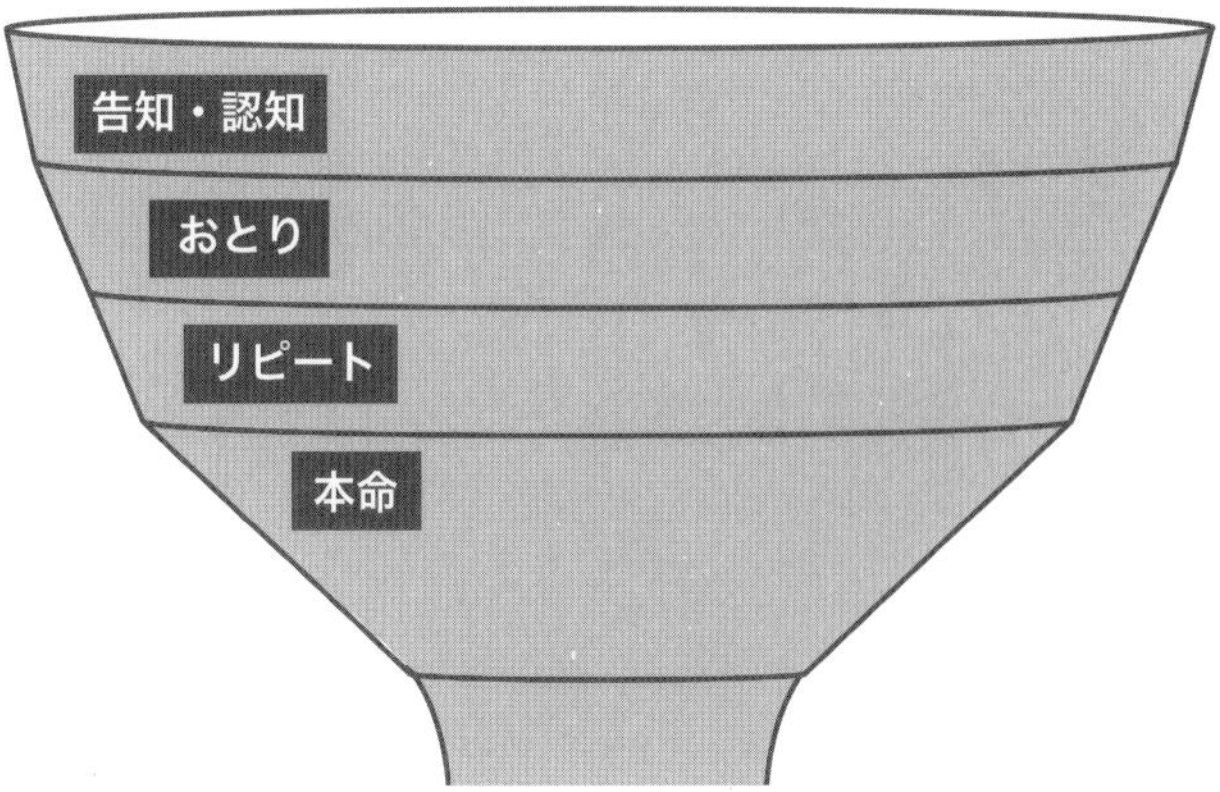

大切なのは、「おとり」からすぐに「本命商品・サービス」を売ろうとしないこと。お客様としっかりコミュニケーションを図ってから売ることが重要です。そのために「おとり」と「本命」の間には「リピート商品・サービス」をかませるのです。

また「おとり商品・サービス」だけに「認知・告知」を集中させることも重要です。自社の全ての商品・サービスを宣伝していたら、広告費がいくらあっても足りませんし、的が絞れません。

分かりやすく図にしたのが215ページの図です。

液体や粉末を、口径の大きい容器から口径の小さい容器へ流下する時に用いる円錐状の器具「ジョウゴ」の形をモチーフにしています。このようにおとり商品からリピートさせて、本命商品を売る仕組みを、私達は「ジョウゴの法則」と呼んでいます。おとり商品・サービスから、リピート商品・サービスを経て、こぼれないように本命に向けて注がれていくイメージです。

儲かる会社は「ジョウゴの法則」で説明できる

この「ジョウゴの法則」を2016年に上場したコメダ珈琲店を例にとって分かりやすく説明していきます。

コメダ珈琲店は名古屋を拠点に2017年11月時点で全国に784店展開。スターバックス、ドトールコーヒーに次いで国内3位の店舗数を誇ります。

赤いベロア調のソファ席に木造の山小屋風の造りの店舗で何とも独特の雰囲気を醸し出しています。コーヒーは一杯400円と安売りをしません。そのほかにもシロノワールというオリジナル性の高いデザートメニューやパンメニューを揃えています。

このコメダ珈琲店の「おとり」は、ずばり「自社の成功店」です。そして「リピート」は、全国のフランチャイズ店からのロイヤリティ。「本命」は食材の卸といえます。

コメダ珈琲店はこれだけの店舗数があるのにも関わらず、直営店はわずか16店（2017年11月時点）しかありません。まさしくフランチャイズ店を集客するためのおとりと考えられます。

図21　コメダ珈琲店の本命は「食品卸」だった！

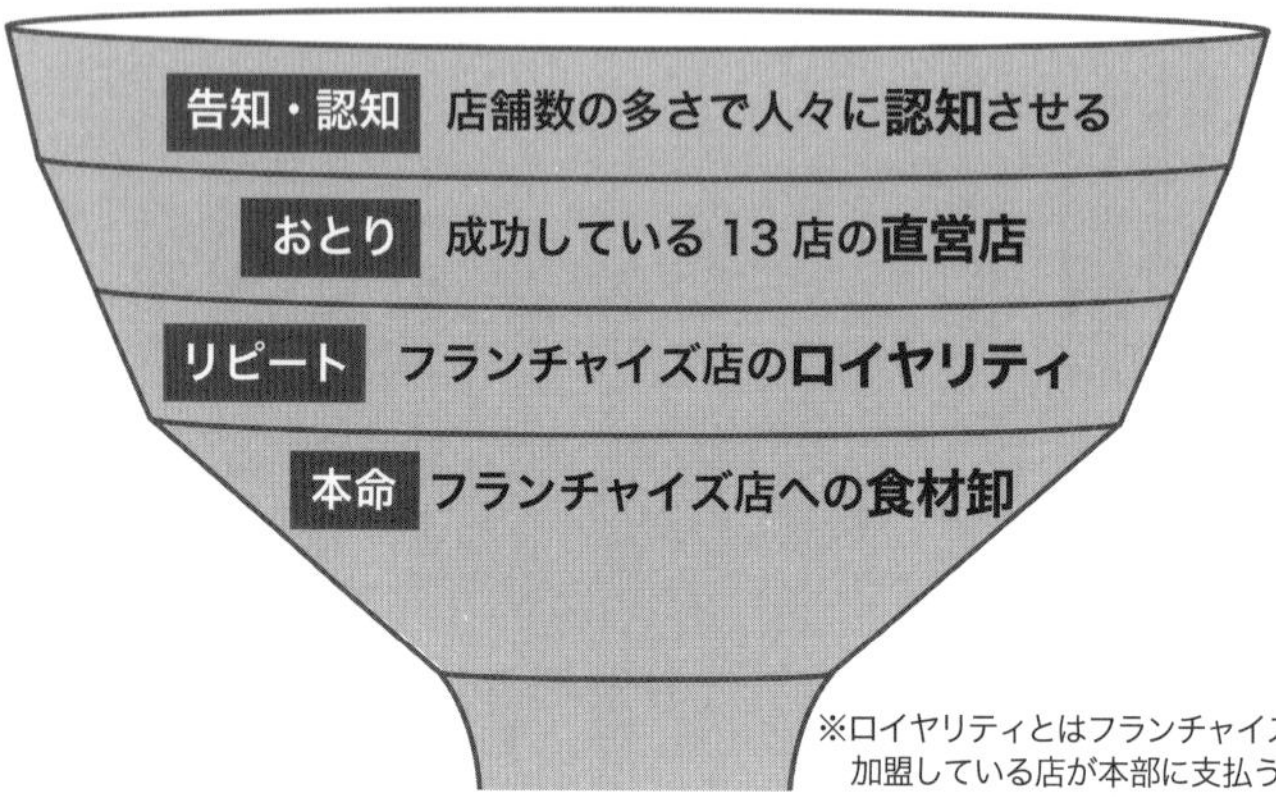
告知・認知　店舗数の多さで人々に認知させる
おとり　成功している13店の直営店
リピート　フランチャイズ店のロイヤリティ
本命　フランチャイズ店への食材卸

※ロイヤリティとはフランチャイズに
加盟している店が本部に支払うお金

図22　コメダ珈琲店と平均的な珈琲店との比較

	年商（売上収益）	営業利益	売上収益営業利益率
コメダ珈琲店 （コメダホールディングス）	240億円	68.8億円	28.6%
ドトール （ドトール・日レスホールディングス）	1247億円	94.6億円	7.6%
ルノアール （銀座ルノアール）	76億円	2.96億円	3.9%

（2017年2月現在）

公開されているIR情報によると、年商（売上収益）２４０億、営業利益が68・8億円、売上高における営業利益率は28・6％（２０１7年2月）と、通常の飲食業の業界平均（平均８・６％、経済産業省調べ）を大きく上回っています。

これは、おそらく食材卸の利益が大きく貢献しています。フランチャイズで提供するコーヒーやデザートなどは、各店とも本部から仕入れます。本部側からすれば店舗が増えればそれだけ食材が売れる……という仕組みです。つまり一見、飲食業に見えますが、実はコメダ珈琲は「食材卸業」なのです。

そう考えてみると、フランチャイズ店が数多くありますから営業しなくても食材を買ってもらえるわけです。**「お客様をうまく囲い込んでいる」**と言えます。

このように、**しっかり収益が上がる本命商品・本命サービスを持つと、企業は驚くほどの利益を確保できる**ようになるのです。

「おとり」商品から本命を買わせる

他にも「ジョウゴの法則」で成功している会社の例をお話ししましょう。私が、内心すごいと思ったのがTV通販で蜂蜜を売っている蜂蜜ショップです。

この会社、蜂蜜をおとりに何を「本命」にしていたと思いますか？　前著『4000円のマグカップで4000万円のモノを売る方法』（ダイヤモンド社）を読んでくださっている方は、すぐに答えがわかると思います。

「ん……。食パン？」　残念ながら違います。

1万5000円のプロポリスが本命です。

まずは「おとり」として1個980円のこだわりの蜂蜜を可愛い瓶に入れて〝お気軽に〟買いやすくし、3個2000円で販売するのです。

ただ、これだけで終わってしまったら、決して儲かりません。あくまでこれは「おとり」だからです。

「おとり」は引きつけ商品ですから、「セットでいくら！」のようにハードルを下げたほうが、**顧客は購入しやすくなります**（あくまでも本命が儲かることが前提です）。

そして、その後のビジネスモデルはこうです。

蜂蜜を注文してくれた人には商品と一緒に会社のプロフィールと健康についての冊子が届きます。これが「リピート商品」の購買を促します。

「蜂蜜は、体にとても良い食品です。ですが、たくさんは食べられませんよね？　そこでおすすめなのが、ローヤルゼリーです。ローヤルゼリーは、女王蜂のための特別食でとても栄養価が高いのが特徴です。蜂蜜をご購入いただいたお客様に限り、1万3600円のローヤルゼリーを今なら半額の6800円でご提供します」

「お客様に限り」「今なら半額」というように「今、買わないと損」というキーワードが顧客の購買意欲を駆り立てます。顧客にローヤルゼリーを毎日服用する癖〝習慣〟をつけさせ、健康志向に育てていくのです。

実は、ここがとても重要です。

ついつい慌てて「本命商品」を売りたくなってしまうと思いますが、ぐっと我慢しなければなりません。顧客とコミュニケーションが図れていないと「本命」が売れたとしても継続しなくなってしまうからです。

なぜならば顧客に短絡的に商品を気に入らせてしまうと、万が一、他で安く売られていたら、顧客は安いものを選んでしまい、結果的に価格競争に巻き込まれてしまいます。

リピート商品を販売しながら、**顧客との関係性を深め、他に売られていても見向き**

図24　蜂蜜屋の本命商品は「プロポリス」

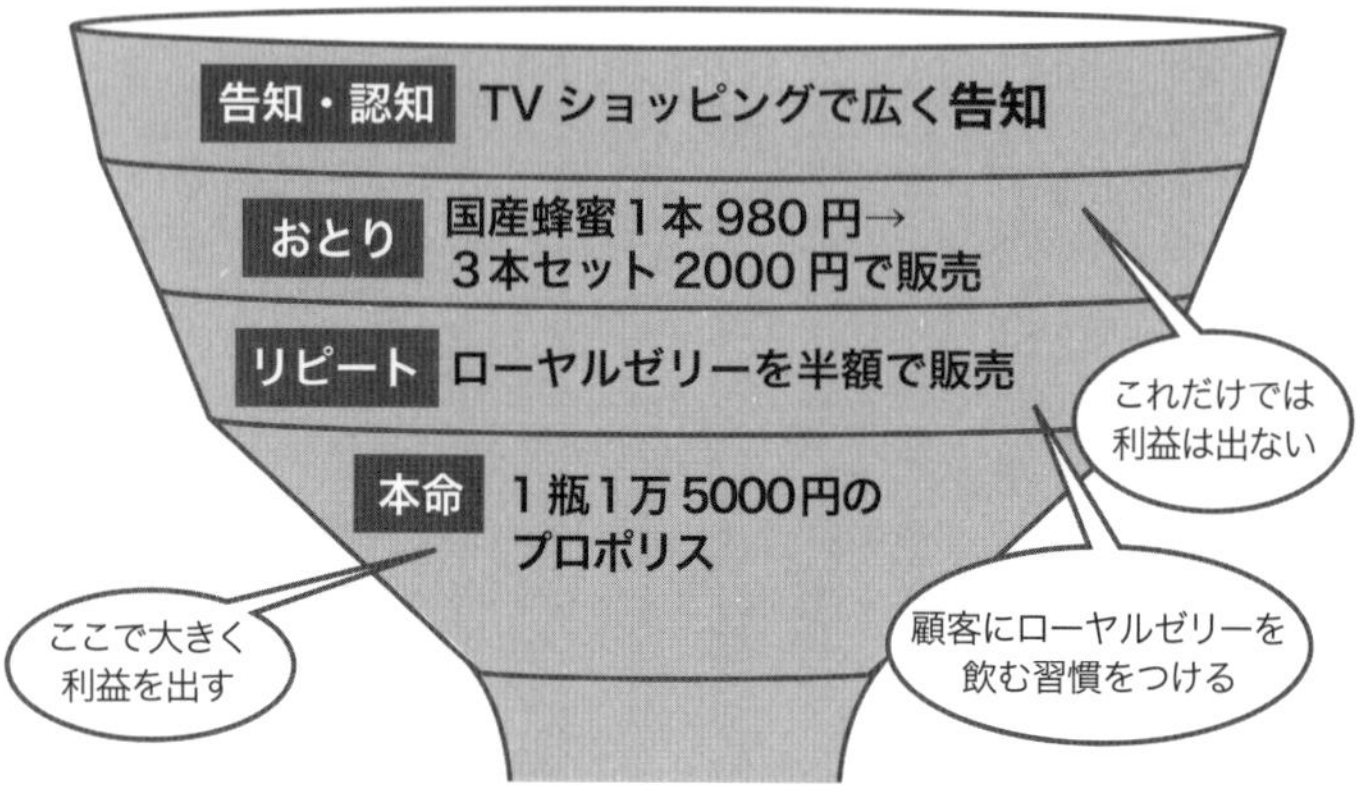

もしない状態を作るのです。それには、顧客を徹底的に知ることが大切です。

「この蜂蜜ショップは他と違う。自分のことをとてもよくわかってくれている」

ここまで顧客に思わせたら「本命」の登場です。

「実は本当に体にいいのはプロポリスです。プロポリスは蜂が作る最高の健康維持食品です。しかし残念ながら、これは大量には入手ができません。そこで、○○様だけに、1万5000円でお譲りします。限定200本しかありませんので、お早めにご注文ください！　ぜひ毎日飲んで健康な体を維持してくださいね！」

このように高い利益が取れる商品へ誘導するのです。

一見「安い蜂蜜だけで儲かるのかな？」と心配になってしまいますが、このようなビジネスモデルがあるので、しっかり儲かっているのです。

戦略を誤ると良い商品でもまったく売れない

それでは戦略を間違えると失敗するという例を、住宅販売会社で見てみましょう。

ここに、まったく違う戦略の2つの会社があります。

Aという住宅会社は、小学校に近い人気のエリアの土地をほぼ買い占め、在庫として持ち、住宅を「建築条件付」で販売しています。

一方、Bという住宅会社は、家の造りにこだわり、おしゃれさをウリにしています。さらに、家の良さをお客様に説明、説得するために優秀な営業マンになり得る人を採用し、社員教育に力をいれています。

この2社の戦略の違いがわかりますか？

A社は土地を確保し、建築条件付で販売する。B社は、とにかく家作りにこだわり、営業力で販売する。

A社は小学校に通う子どもを持つ親からとても人気で、すぐに土地が完売し、住宅付で売れていきました。土地に合わせて間取りが決まっているので打合せの時間も短く、お客様との行き違いもなく、良好な関係を築いています。とにかく愛想が良いスタッフが揃っていると評判です。

これに対してB社は、営業マンがお客様に住宅の特徴を一所懸命に説明し、やっとの思いで契約に結び付けます。ところが、さあ、やっと建築に進めると思いきや、土地がありません。営業マンはお客様の希望のエリアで土地を探すことに必死になります。

希望のエリア・価格で土地を探すには時間がかかるものです。そうこうしているうちに、ある時、お客様から連絡が入りました。

「あの～、すみません。もう子どもが小学校に入学する時期に近づいてきてしまって、時間がないので建築条件付の家にすることにしました。本当にがんばってもらって申し訳ないんだけど……」

営業マンは愕然とします。それを上司に報告をすると、

「こらー！　何やっているんだ！　お前の営業力がないからこうなるんだ。地獄の特訓の営業研修へ行って来い！」

と、怒鳴られてしまいました。

実際にはA社の愛想のいい社員よりもB社の営業マンのほうが優秀で業務も多岐にわたり、たくさん仕事をしていたかもしれません。しかし、勝利したのはA社だったのです。

どうやって勝つかの「戦略」に対し実際に現場で戦うのを「戦術」と言います。戦略は総合的策であり、戦術は手段です。

いくら良い営業マンを採用し教育しても、そもそもの戦略が間違っていたら勝てないのです。

私が経営者に常々伝えていることがあります。それは「戦術は戦略を補えない」という事実です。

B社の家が売れなかったのは、営業マン（戦術）の責任ではありません。間違いなく経営者の戦略が間違っていたのです。

図25 「戦術」が良くても、「戦略」を間違えると負ける

	住宅会社 A 	住宅会社 B 
販売商品	建築条件付きの戸建	品質にこだわった戸建
戦術	土地を自社で確保して販売	こだわりの品質を営業力で販売
対象のお客様	子どものいるファミリー	子どものいるファミリー

⇩

家の購入まで時間をかけられないお客様はA社を選ぶ

私はかねてから、ずっと言い続けてきました。

「良いモノを作るだけでは売れない」

と。

だからこそ、**売れる仕組みを作ること**——そう、**ビジネスモデルをちゃんと作る**ことが大切なのです。

では、B社は、どういう戦略を立てれば良かったのでしょうか？　私だったら、A社とはそもそも戦いません。A社には、人気のエリアの土地を押さえる（買う）ノウハウと潤沢な資金力があるからです。

残念ながら自社にそのノウハウも資金もないのであれば、違う市場で戦わ

ないと社員（戦術）が無駄な努力で疲弊します。

家は土地がなければ建築することができません。であるならば、初めから土地を持っている人をターゲットにする戦略も考えられます。

たとえば、二世帯住宅に特化してみるのもいいかもしれません。息子夫婦や娘夫婦と住むために建て替えをするのであれば、土地は購入しなくてもいいからです。

他に、もし広めの土地を持っている人であれば、いっそのことアパートやマンションを提案し、その一室にそれぞれ住んでもらってもいいでしょう。他の部屋は貸し出すことができますから、お客様にとっては収入になり、合わせて相続税対策にもつなげることができます。

また、ターゲットを変える方法も考えられます。

「家を新築したい」という強いニーズには、「子どもを転校させたくない」という強い感情欲求があります。そのため、小学校入学と同時に家を購入するケースが多いのです。すなわち、その世代は建築業にとってはレッドオーシャン（競争が激しい市場）です。

あえてレッドオーシャンで戦わず、結婚と同時に新築を建ててもらうという戦略も考えられます。つまり、結婚するカップルをターゲットにして、親からの援助で家を買ってもらうのです。この戦略は私の前著でも詳しく書いています。

「えっ？　そんなにうまく家が売れるの？」と思われるかもしれませんが、実際、小さな子どもを持つ夫婦が家を建てようと思ったら、親からの援助を頭金にするケースが多いのです。結婚をする際、通常は賃貸で使うはずの敷金や礼金を頭金に足せば、年収が低くても住宅ローンは組めるのです。

このように、どんな業界だとしても「戦わずして勝つ」戦略を考えなくてはなりません。戦略は無限にあります。短絡的に「良い造りの家を売る」というだけでは、戦略にならないのです。

ビジネスモデルは儲かる仕組みと言い換えてもいいでしょう。

ビジネスモデルを分析する

ビジネスモデルを作るには、様々な分析が必要です。前述した他業種の成功しているモデルを参考にしたり、またすでに、自社で人気の商品やサービスを持っているなら、それをさらに深く分析してみましょう。

あなたは自社の商品やサービスが選ばれている、売れている理由を、明確にしているでしょうか？ 「多分、性能がいいからなんだろうなあ」では、分析とは言えません。それは思い込みです。

自分の考えだけでの判断では、それは机上の空論でしかありません。

答えは「現場」にあります。

まずは、自社がターゲットにしているお客様からどんどん意見を聞いてみましょう。それも、できるだけ数多くのお客様から聞き出してください。

もしかしたら、思っていたことと真逆の理由でお店や商品が選ばれているかもしれません。「言わずにいたけど実はこんなところが気に入っています」と、今まで聞いたこともなかった声がたくさん出てくるかもしれません。

その答えに一喜一憂する必要はありません。得た情報を分析し、さらにお客様に喜んでいただける商品やサービスを提供すること、ビジネスモデルの精度をあげることが目的なのですから。

そのためには小さな失敗のひとつや二つ、気にする必要はありません。逆に失敗を恐れ、何もしないことのほうが問題。天と地ほどの差がついてしまいます。**大切なのは致命的な失敗をしないこと。**だからこそ、しっかりと戦略を立てて、実験に実験を重ねて、最高のビジネスモデルを完成させるのです。

具体的に「ビジネスモデル」を作るには

「そう言われても何から手をつけていいかわからない」
「やっぱり目の前の売上が気になってしまう」

実際は、これが本音でしょう。その気持ちは、とてもよくわかります。

本書でご紹介してきたのは、経営難に陥りながらも敏腕コンサルタント遠山桜子の手によって業績が回復し、明るい未来が見えるようになった3つの企業の物語です。どれも、実際にあった話をモデルにしています。

ビジネスモデルで、売上1億円を簡単に実現する方法は、
・おとり商品・サービスで集客する
・何度も買い続けてもらえるような仕組みを作る
・最終的には、本命商品・サービスで収益を上げる

というものです。これがまさにどんな業種でも共通する**「ジョウゴの法則」**なのです。（→232ページ図26）

さらにキーワードは、**ストックビジネス化**。お客様を常連、信者、さらには、家族にまで成長させ、長期的に売れ続ける仕組みを構築するのです。

今回は、どの会社も現状の問題を桜子のアドバイスによって解決、改善しながら「ジョウゴの法則」に当てはめて、独自のビジネスモデル作りを学べるように心がけました。ですからぜひ、あなたもこの本を読んだらどんなに忙しくても、自社の「ビジネスモデル」はなんなのか、ジョウゴの法則にできるかどうか、などの経営上の戦略を考えてみてください。

ビジネスを続けていくならば「戦略」がないと苦労します。最初は順調な事業でも、

図26　売上1億円を達成するには「ジョウゴの法則」が欠かせない！

●おとり商品だけに集中して**【告知・認知】**

●おとり商品・サービスで集客する**【おとり】**

●何度も買い続けてもらえるような商品・サービス、
仕組みを作る**【リピート】**

●最終的には、**【本命】**商品で収益を上げる

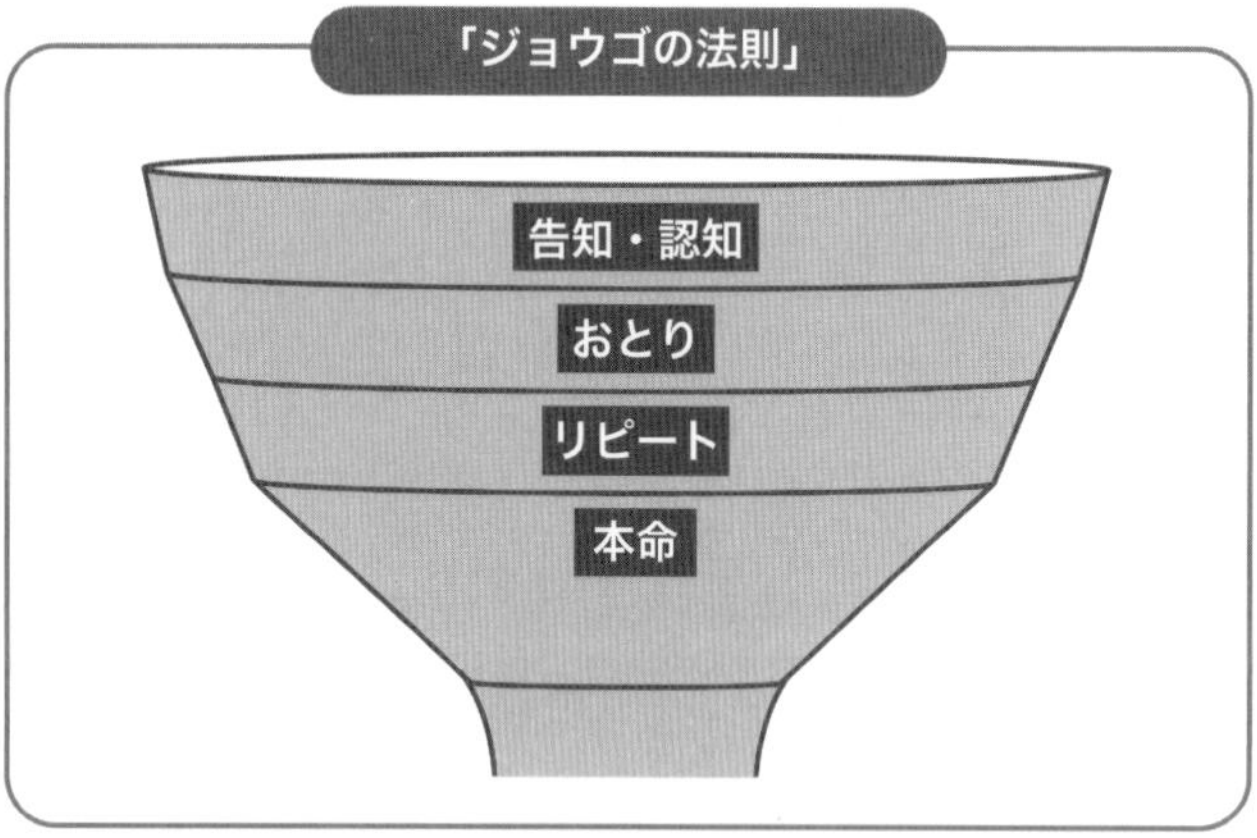

1億円以上を目指すなら……

●ストックビジネス化をして、
安定的な売上を目指す**【ストックビジネス】**

ビジネスモデルがないと、必ず行き詰ります。中小企業こそ、ビジネスモデルが必要なのだ、と知っていただければと思います。

商売《ビジネス》は楽しい!

儲けが出ないとビジネスは難しくて大変なもの、と思いがちですが、「利益が出て儲かって儲かって仕方がない」という状態になれば、実はビジネスは「面白くて面白くて仕方がないもの」なのだと感じていただけるはずです。

自分の考えたアイディアでお客様の問題解決ができたり、喜んでもらえたり、感動してもらえたら……。こんな最高なことはありません。

私は、経営者の方によく「様々なことが起きるのは想定内。何事も起きないほうがおかしいでしょう?」と話をすることがあります。

致命的な問題は困りますが、ビジネスをしていれば障壁はいくつもやってきます。その障壁・問題を解決することで企業、そして経営者は成長するのです。

これはまさしく、筋トレと一緒。筋肉も鍛えることで筋肉痛が起こる。痛みが伴うものです。けれども続けていくと、どんどんいろいろなことができるようになるのです。

さあ、これからが本番です。

ぜひ、あなたの脳にひとつでも多くのビジネスモデルをインプットし、あなた自身のオリジナルのビジネスモデルを作ってみてください。

あとがき

「儲けるなんて、簡単よ。すぐに売上1億円、お約束します」

この本を読んだら、遠山桜子の言葉の意味がおわかりいただけたと思います。

そうです。1億円の売上を作るには、しっかりと収益が上がる「ジョウゴの法則」を作ればいいのです。

もっと言うとすれば、儲かる「本命商品・本命サービス」がなくてはいけません。

登場人物の漢方・整体サロンＨａｎａの華恵も、ナミハ電気の健一も、美容室ＴＲＡＮＳ、ＳＰＡＲＫの友樹もお客様を喜ばせるために必死になっていました。

確かにお客様を喜ばせることは商売の原点です。

ですが、残念ながら「想い」だけでは成功しないのです。

よく「『ジョウゴの法則』を作るには、まず、どうしたらいいですか？」という質問を受けます。

スバリ！　それは、自分ができるだけ多く顧客になってみることです。

世の中には、様々なヒントがたくさん転がっています。業種を問わず、行列ができている店にはどんどん行ってみるべきですし、人気のある商品、流行っている商品は買ってみるべきです。

商品の見せ方がとても良かったり、価格設定が絶妙であったり、とても便利で利用するハードルが低かったり……。儲けるための手段が見えてくるはずです。

何を隠そう、自称ビジネスオタクの私も、儲かっている店があると聞くと居ても立っても居られず、しっかり偵察に行っています（笑）。

そして、そこで
どんな人がお客様なのか？
どんなモノが売れているのか？
そして、なぜ売れているのか？

どんなキャッチコピーか？
その店の本命は何か？

こういったことを、自分の目で見て、自分で感じてみて、「なぜ儲かっているのか？」「この店の本命商品はいったいなんだろう＝どこで利益を上げているのか？」というのを自分なりに分析してみてください。そして、「ジョウゴの法則」に当てはめてみたりしてください。

私にとってこう考えることは日常で、これが積もり積もって様々な業種のビジネスモデル構築のアイディアの源になっているのです。
あなたも「お客様への想い」と「儲ける手段」を組み合わせて、ぜひこの本を参考に「ジョウゴ」を完成させてみてください。

さて、この物語に登場する整体サロンや、電気店、美容室は皆、私が立ち上げた「ビジネスモデル塾」にいらした塾生さんたちがモデルになっています。全て実話というわけではありませんし、社名や所在地も変えていますが、かなり近いものがあります（笑）。最初は、儲からなくてヒーヒー言っていたことは事実です。

けれど、今では、3社ともしっかり「ジョウゴの法則」を作り上げ、儲けることができ、お客様から支持されるお店を経営されています。

そして、それぞれが、過去を振り返り「『ジョウゴの法則』を作っていなかったら、今どうなっていたかわかりません」ともおっしゃっています。

ですから、この本の内容を実践すれば、必ずあなたも「すぐに売上1億円」が達成できるはずです！

大切なお客様、スタッフ、応援してくれている家族のためにも、ぜひ挑戦してみてください。

「商売」ほど、やり甲斐があって楽しいモノはありません。

そしてこの本が、あなたの手引書になれば、これほど幸せなことはありません。

最後に、ダイヤモンド社から遠山桜子を題材に2作目を出版できたことを、本当に感謝致します。1作目に続き才女である木村香代さんに担当していただき、お尻を叩かれながら（実際には、叩かれていませんが、気分的に……笑）出版までこぎ着けました。

また、いつも私を支えてくれている株式会社Ｃａｒｉｔｙのスタッフ、全国のビジネスモデル塾生の皆様、家にいてばかりで外に出ない引きこもり状態の私を面倒みてくれた家族、皆様の協力があってはじめて完成した1冊です。本当にありがとうございました。

そして、私をここまで導いてくださいました元会長の西田文郎先生に心から感謝申し上げます。

２０１８年1月

高井洋子

参考文献

『脳科学マーケティング 100 の心理技術』
　ロジャー・ドゥーリー（ダイレクト出版）

『脳が買う気にさせられる消費のメンタリズム　仕方ない理論』
　西田 文郎（徳間書店）

［著者］

髙井洋子（たかい・ようこ）

株式会社Carity最高顧問。横浜出身。経営者として任された家具の販売会社を３年で事業拡大、オリジナル家具販売のフランチャイズ化、さらにオリジナル住宅販売、リフォーム事業などを手掛け、立ち上げから３年でグループ年商70億円を達成。その後、経営コンサルタントに転身、2012年に優秀なブレーンとともに経営コンサルタント会社「Carity」を設立、代表取締役社長に就任。

全国の中小企業の経営者を対象にした「ビジネスモデル塾」は約６年ですでに53期を開催、全国から800社以上の経営者・経営幹部・独立希望者が集う講座となっている。

現場感覚を持ち込んだビジネスモデル構築や戦略、戦術策定の指導、アドバイスを行い、V字回復した会社も数多く、中小企業の現状打破、業績向上に貢献。

また、活動を日本だけに留まらず世界に広げる為、2017年株式会社Carityの代表取締役を辞任。自らもシンガポールにてビジネス展開を図っている。世の中のビジネスモデルを分析し、どのように儲けているかを検証するのが趣味。著書に『400円のマグカップで4000万円のモノを売る方法－「儲けの仕組み」が、簡単にわかる！』（ダイヤモンド社）がある。

すぐに１億円 小さな会社のビジネスモデル超入門

2018年２月21日　第１刷発行

著　者――髙井洋子

発行所――ダイヤモンド社

〒150-8409　東京都渋谷区神宮前6-12-17

http://www.diamond.co.jp/

電話／03･5778･7234（編集）　03･5778･7240（販売）

装丁･本文デザイン･DTP－ISSHIKI（川野有佐、徳永裕美）

製作進行――ダイヤモンド・グラフィック社

印刷――――加藤文明社

製本――――加藤製本

編集協力――元木哲三（チカラ）

編集担当――木村香代

ISBN 978-4-478-10158-2